金持ち社長の お金の使い方 起業編

TACプロフェッションネットワーク 監修
税理士 岸健一 著

TAC出版

はじめに

絶対成功してみせる！

鼻息荒く起業する方々をたくさん見てきました。しかし、勢いがいいのは初めだけ。準備不足、資金不足のため半年後には青息吐息、一年後には廃業。こんな方たちが多いのが現状です。

アイデアはいいのにもったいないな、もうちょっとビジネスに対する知識があったらなんとかなっただろうな、と思うこともしばしばでした。そんな方々のお手伝いを少しでもしたいと思い、この本を書きました。

第1章では、経営者の心構えを説明させていただきます。

ビジネスは、経営者の心構えで大きく変わります。起業する方々はどちらかというと血気盛んな方が多く、よく考えてから動くというよりも想い（思いつき?）で動く方が多いと実感しています。そんな血気盛んな方々が最低限知らなければならない経営者の思考をまとめています。特に、貧乏社長（浪費型）（本文をご参照ください）に性格が該当する方は、じっくりと読んでいただきたいと思います。

第2章では、経営者が知るべきお金の常識を説明します。

具体的には、資金計画の常識、管理会計の常識、節税の常識など、金持ち社長と言われる人たちが最低限、身に付けている知識について説明します。特に、経営初心者は気合いだけでビジネスを始めてしまう方がほとんどです。いち早くビジネスを始めたいと思うのはわかりますが、記載されている事項を一通り考えてから、ビジネスを開始してほしいと思います。特に、「なぜAさんは潰《つぶ》れたか」についてはじっくり読んでいただきたいと思います。

また、しっかりと考えなければいけないのに、多くの方が考えることを放棄してしまっている資金計画の立て方をお読みいただき、実際の自分のビジネスに当てはめて計画を立ててください。

第3章では、実際にどのようにビジネスを始めるかに話を移します。

第1章の精神的な話、第2章のお金の話から制度的な話（法人の設立手続、税務署等への届出・手続き）に移ります。個人事業主としてビジネスを始める場合、法人としてビジネスを始める場合の有利不利、法人でも株式会社を設立すればいいのか合同会社を設立すればいいのかなどを説明します。

さあ、楽しい起業の世界を覗《のぞ》いてみましょう！

※この本の内容は平成二〇年七月現在の法令等に基づき記載されております。実行に関しましては各専門家等のアドバイスを仰いでいただけるようお願いいたします。
また、文中の税金等の計算は簡略化しておりますことをご了承ください。

金持ち社長のお金の使い方　起業編　目次

目次

ビジネスを伸ばすコツ……48

資金計画の常識と管理会計の常識……70

目　次

第1章 経営者の心構え

経営者の報酬

経営者の報酬とは何か

社長の報酬と聞くと、どのようなイメージをお持ちでしょうか。どれくらいかわからないけど、すごく高額に違いないというイメージではないでしょうか。

まず、お話ししたいのは経営者の報酬の話です。これは経営者たるものがなんたるかを端的に表している話です。起業家にとって重要な話なのでしっかりと覚えておいていただきたいのですが、**経営者の報酬は労働の対価ではなくて仕組み作りへの対価**です。

経営者になって間もない（会社を立ち上げて間もない）方からよくこんな相談を受けます。「こんなに長時間働いているのに自分の取り分がないんです」とか「従業員と同じように働いているのに自分だけ給料が取れない」とか。

気持ちはわからないでもないのですが、**働いた分だけお金が貰《もら》えるというのは完全にサラリーマンの発想**です。サラリーマンは自分の労働力を売ってその対価として給料を貰っているわけですから、「働いているのに給料が貰えない」というのは大問題だと思います。それに引き換え、**真の経営者が売っているものは労働力ではなく、アイデア**なのです。もちろん自分に対して労働の場を作るためにビジネスを始める人も多いのですが、真の経営者とは、自分のアイデアを形に変え、そのアイデアを機能させるためにヒト・モノ・カネを投入し、お金を稼ぎ出す仕組みを作る人なのです。

したがって、経営者が考えたアイデアが形となり、機能し、そこから溢《あふ》れ出てきたお金こそが経営者の報酬になるわけです。ですから、そのアイデアが途方もないお金を生み出したら経営者の報酬は途方もないものになります。逆に言えば、アイデアがお金を生み出さなければ経営者の報酬はありません。

皆さんが小学生の頃に抱いていた社長のイメージを思い出してみてください。

私は、社長というのは何もせず社長室の高級なイスにふんぞり返って葉巻をふかしているだけなのにお給料は高いというイメージでした。世間的にも社長のイメージというと、このような人を指すようです。「うちの社長は何もしてないのに給料が高い！」などの悪口もよく聞きますし。

確かにサラリーマン的な発想をしてしまえば、労働をしなくて給料が高いというのは意味がわからないことなのですが、仮にその会社が社長のアイデアが形になったことにより儲《もう》けをだしているのであるならば、**その成功報酬として高額の報酬を貰うのは全く悪いことではない**のです。なので、私が小学生の頃に抱いていた社長のイメージは、ただの社長ではなく、成功した社長のイメージだったわけですね。

これから経営者になる皆さんは、ぜひ、この成功した社長になるイメージを持ってください。つまり、自分のアイデアをうまく機能させ、お金が生み出されてくる、そしてそのお金の中からたんまりと**成功報酬としての役員報酬**を得るイメージです。

そして、従業員の方から、「社長は何もしてないのに給料が高い！」と文句を言われるようでないといけません（もちろん一生懸命働いているように見せたほうが得なことも多いですが）。

経営者にとって究極の報酬は不労所得です。長年かけて築き上げた自分のビジネスが多くの売上を生み出し、多くの利益を生み出す。そこからたんまりと報酬を得るわけです。

この**不労所得を獲得できる人こそが真の経営者**です。時間はかかると思いますが、真の経営者を目指し頑張りましょう！

ラーメン大好き小池さん

世間では不労所得を悪いことだという風潮で捉《とら》えますが、不労所得は決して悪いことではありません。不労所得が入ってくるということは、その仕組みを作り上げられた証拠であり、その仕組みで働く人にお給料を払い、事務所の家賃を払い、諸々の付加価値を生み出した結果であるわけですから。

この考えが理解できない、つまり、**私の時給はいくらで何時間働いたから給料はいくらだとしか考えられないのであるなら、経営者になってはいけない**わけです。

私が思う理想の会社経営者はこんな感じです。

理想の会社経営者小池さんの話

小池さんは小さい頃から経営者になるのが夢でした。経営者になればモテモテだろうという不純な動機から始まったわけですが、次第に真剣に会社経営を考えることを始めました。

小池さんは現在、ラーメン屋に勤務する二五歳。地元ではおいしいと評判のラーメン屋に勤務しています。

小池さんは、ラーメン屋さんとして独立して店舗を出すことを決めました。

そこで**まず始めたことは毎月五万円の貯金**です。小池さんの月給は手取り月二二万円ですから、毎月五万円ずつ貯金することはかなり大変なことですが、会社経営をするのだったら元手が必要だと思い、頑張ろうと心に決めました。もちろん勤務しながら**ラーメンの味の研究、出店場所の研究、経理の勉強などに余念がありません**。いろいろなセミナーにも出席し、経営とはなんたるかを学びました。

そして、独立を決めてから六年後、六年間で貯めた三六〇万円と経営知識を元手に一号店を高田馬場にオープンしました！

初めは自分の給料すら確保できませんでしたが、徐々に地元に定着し、少ないながらも儲けもでるようになり、自分の給料もきちんと取れるようになってきました。

そして、数年後。「ラーメン小池」の味は全国的に人気になり、今や大ラーメンチェーンにまで発展しました。小池さんはお客さんの様子を見るために店に出ることもありますが、基本的には本社で経営管理を行っています。年間の役員報酬は一、八〇〇万円。もっと貰うことは可能ですが、この金額で家族が何不自由なく過ごせるのでこれ以上は必要ない、浮いた分は従業員の給料に回そうと考えています。

そして、「ラーメン小池」のアジア進出を着々と構想中……

みたいなモデルが理想だと思います。

しっかりとした準備、仕組みと味を作り上げるための無報酬での労働、作り上げた後の高額報酬と広い視野、まさしく経営者のあるべき姿です。

しっかりとした準備

まず、小池さんはしっかりとした準備をしました。小池さんが開業までにした準備は、次のとおりです。

①　時間をかけた軍資金作り

② ラーメンの味の研究
③ 時間をかけた経営知識の追求
どれもとても大切なもので、何一つ欠かすことができません。

① 時間をかけた軍資金作り

小池さんは多くない給料の中から毎月五万円もの金額を貯金し、軍資金としました。貯めたお金はなんと三六〇万円。**三六〇万円は元手となったばかりではなく、周りの人たちからの信用も得ました。**

小池さんのご両親にラーメン屋を開くことを説明しに行くと、「おまえな～。商売っていうのは甘くないよ。それに独立資金だってないんだろう？ **元手をしっかり準備せず始めた商売の廃業は早いよ**」。

小池さんのお父さんは税理士をやっていましたから、会社を立ち上げては潰《つぶ》してしまう若者をたくさん見ています。ほとんどゼロに近い資金で始めている人が多く、ちょっとした不測の事態から負の連鎖に陥り、潰れてしまう若者ばかりを見ているわけです。

ところが、小池さんが毎月五万円を六年間貯め続けたことを話すと、「本当か！ あの安月給で大したものだ。そういう経営者は信用できるよ。**長期間苦しいことをコツコツ積み上げられるやつは強いぞ、経営者として。**よし、おれが一〇〇万円出資してやる！」と、なんと一〇〇万円の出資まで受けてしまいました。これで手許の資金は四六〇万円。

さらに、この信用を元手に金融機関が三六〇万円を創業資金として貸し付けてくれましたので（このことは後述します）、ラーメン店開店にこぎつけることができたわけです。

軍資金作りに時間をかけることは、軍資金のみならず信用まで作り上げたことになるわけですね。

また、この時の軍資金は、後に小池さんに十分な時間を与えることになります。

②　ラーメンの味の研究

ラーメン店で最も重要なものは、経営知識でもお金でもなく、ラーメンの味です。**ビジネスの核となるのは当然、取り扱う商品・サービスの質**なのです。商品の質が悪ければ、いくらお金があったって経営知識があったって儲かるわけがありません。小池さんは焦って商品を開発したわけではなく、軍資金を貯めると同時に商品の質を研究していたわけです。

後に、この研究しつくされたラーメンのスープが評判を呼び、全国展開するきっかけになりました。時間をかけて研究すればよいというものではないかもしれませんが、この時に身に付けたラーメンに対する知識は目に見えない財産として、脈々と小池さんの中に生きているわけですから、非常に貴重な研究時間だったということになります。

③ 時間をかけた経営知識の追求

小池さんは軍資金を貯め、ラーメンの味を追求すると同時に経営知識を身に付けようと考え、わからないなりに一生懸命本を読み、無料セミナーを探しては出かけていきました。この時の勉強は後々の経営に本当に役に立ちました。

ラーメン店開業の後、小池さんは昼夜なく働き続ける一年間を過ごすわけですが、**開業前に勉強した経営知識がなければ乗り越えることができなかった**、と後の小池さんは考えています。

経営者は大小様々な経営判断の連続です。トイレットペーパーは何を使うのかといった小さな判断から、借入をすべきかどうかまでの大きな判断まで。しかもスタートアップ（ビジネスを立ち上げる時期）、アーリーステージ（ビジネスが走り始めた時期）においては、経営者は自らが馬車馬のように働きながら意思決定をどんどんしなければなりません。**あやふやな知識での意思決定は非常に危険**です。十分な時間があればいいのですが、一般的に経営者は時間がなく、さらに開業したての時期は朝起きたらすぐに深夜になってしまうという多忙な状況ですから、新たな知識を手に入れる勉強をする時間はありません。

ですので、**サラリーマンの時期に必要な経営知識を学んでおくことはかなり重要なこと**なのです。（もちろん座学と実学は異なりますから、経営者になったら経営者になったで継続して実学を学び続ける必要はあります。）

また、この時期に問題解決能力を身に付けておきたいところです。経営は問題発生の連続です。

例えば、「ラーメン小池」では売上が伸びてきているのですが、行列ができてしまい、その行列が隣の喫茶店に迷惑をかけ、いざこざが起きたとしましょう。このような場合に居直って、「客が勝手に並んでいるんだから、仕方ないじゃないか！」とどなってしまったら、喫茶店との関係が悪化し、その対応に追われ続けることになります。

逆に、「大変申し訳ありません。行列の仕方を工夫いたしますので、少々の間ご辛抱いただけないでしょうか。今週中にはなんとか打開策を検討しますので」と伝え、行列が喫茶店の邪魔にならないように工夫するとともに、毎朝その喫茶店でモーニングを食べるようにすれば次第に打ち解け、多少行列が迷惑をかけても多めにみてくれるようになるし、さらには、「隣のラーメン屋はうまいって評判だから食べに行きなよ」なんて勝手に宣伝してくれるかもしれません。

その後、お互いの店にクーポン券を置き合ったりして、良い関係を築くことだって可能でしょう。**クレームが生んだご縁**というわけですね。

非常に小さな話かもしれませんが、毎日のように様々な問題が生じます。それを打開し、さらに好転させる**問題解決能力は一朝一夕に身に付くものではありません**から、意識して身に付けるようにしてみてください。

無報酬で仕組みを作り上げる期間

無報酬で仕組みを作り上げる期間。ビジネスのスタートアップ、アーリーステージは売上は順調にはいきませんから、資金は不足します。**当然、経営者は自分の取り分を後回しにし、資金を温存するとともにビジネスの仕組みを作り上げるために無報酬でがむしゃら**

に働き続けなければならないのです。

この期間こそが、経営者のほぼすべての方が通る辛《つら》い辛い時期です。事業を始める前は、「一年間くらい報酬がなくったって仕方がないや！　だって経営者だもん。苦しくったたって悲しくたってお店の中では泣かないぞ！」みたいな覚悟はできているものです。

ところが、実際に無報酬で働くというのは新米経営者にとっては、もとい、熟練された経営者にとってもとても辛いものなのです。ヘトヘトになって家に帰って自分のくたびれた顔を見ると、「おれ、こんなにぼろぼろになって頑張っているのに無報酬なのか。もうやめちゃおうかな」みたいな感じです。

一生懸命働けど自分の報酬が一円もないのは、本当にきついです。でも、**特にスタートアップ、アーリーステージの時期の金は本当に本当に貴重な「ツール」ですから、一円でも多く温存すべき**なのです。特に、初めから従業員やパートナーを伴ってビジネスを始めるときはこの考え方はとても大切です。「社長は無報酬でこんなに頑張っている。自分たちも頑張らなきゃ！」みたいなモチベーションを誘引することもできます。

さらに、自分の覚悟としても重要です。つまり、自分の仕事はアイデアを形にしてそこから成功報酬を得ることだ、成功報酬以外の報酬は絶対に取らないぞ！　みたいな自分の中での決めごとです。

この時期に無駄な支出をせず、がむしゃらに仕組み作りに奔走することはそのビジネスの大きな礎になります。マニュアル化、チェックリスト化をきっちり行い、ビジネスの礎を作り上げてください。

さらに、自分に報酬を払うくらいなら人を雇って自分の分身となれるような人をつくり上げることができれば、後々に良い影響を与えます。なぜなら、**自分自身が二四時間三六五日働き続けるわけにはいかないから**です。**人の教育ができない経営者は永久的に働き続けなければいけません。これでは経営者とはいえません。**

そして次のステージへ

こうやってがむしゃらに働けば一年のうちに（ビジネスモデルがよければの話になってしまいますが）自らの報酬を取れるようになります。次第にビジネスも安定し、生活も安定していくことでしょう。

逆に言えば、一年間は嵐の中にいるくらいに思わないといけません。小池さんも死に物狂いの一年を送りましたが、自らの報酬を取れるようになりました。きちんと休みも取れるようになりました。**自分が休んでいる間もマニュアルとチェックリストによりスタッフが店を運営してくれています**から、売上はきちんと上がっています。

スタートアップの時期に自らの報酬をゼロとして、その分を他人の給料に回すことによって人材を育て上げた効果がここで現れてくるわけです。経営者がいなければ売上が上がらないようではいけないわけですね。

自分の時間が持てるようになると、店の弱点はなんなのか、良い点はなんなのかを考えることができ、他の店の研究や業界の動向、さらには経営について学ぶことができます。**経営者は考えることが重要な仕事**ですから、考えることができない経営者（能力的な問題ではなく、忙しすぎて考えることができない場合が多いのです）は経営の世界から遅かれ早かれ退場することになります。そして、またサラリーマンに戻るのです。

経営者としてのステップを考えた場合、常に一歩先を考えて動くことが重要です。

小池さんは**独立開業をする前に十分な時間をかけて資金を貯め、商品の質を高め、経営の研究**をしました。この時間が将来の時間をつくることになりました。特に資金面は重要です。先を焦る経営者の多くは、すぐにビジネスを始めようと思い、十分な資金を準備せずに始めてしまう場合が多いです。

十分な資金を用意せずにビジネスを始めた場合の顚末《てんまつ》は次のような感じです。

①　とりあえずビジネスを始める。
②　うまくいかない。（これは資金の問題ではなく、ビジネスは始めはうまくいかないものです。どんなに自信があっても。）
③　十分な資金が用意されていなく、運転資金が底を尽きてしまう。
④　金策に走る。

という手順になるわけです。この金策に走るというのはとても大変なことです。両親や親類、友人、知人、金融機関のいずれに無心をしにいった場合においてもかなりの時間がかかります。**経営者にとって一番重要な資源は時間**です。

確かに金策はビジネスでも重要なことなのですが、それ以上に時間を浪費してしまうのは経営者にとって致命的なことです。中には「金策こそが経営だ！」と豪語する経営者もいますが、金策に費やす時間はないにこしたことはありません。

したがって、後に金策をするくらいならば独立開業前に十分な資金を準備してビジネスを始めることが本当に重要なことなのです。**「始めよければすべて良し」**は、**経営者のた**

めにある言葉かもしれません。

金持ち社長の基本思考

税理士から見た金持ち社長の典型例

皆さんはお金持ちというと、どういう印象を抱くでしょうか。

私のお金持ちに対する印象はずばり、「ケチ」です。ケチだから金持ちになったのか金持ちだからケチなのかいつも悩むのですが、基本的にケチなのです。

税理士は想像以上に社長（企業経営者）と接しています。もちろんいろいろな社長がいます。儲かっている社長、儲かっていない社長、様々です。ちなみに金持ち社長といっても、いわゆるヒルズ族（もう古い言葉？）のようなけた違いの方ではなく、頑張れば手の届く年収二千万円くらいまでの人を指しています。

私の知る、金持ち社長の典型例X社長にご登場いただき、その生活と社長業を紹介します。

Ｘ社長は四〇歳代半ば。奥さんと二人の子をもつ典型的な核家族です。一〇年ほど前から企業広告戦略などの構築に関するビジネスを始め、会社を設立、社長に就任しました。現在は年収一、八〇〇万円です。年収が一、八〇〇万円といえば、けっこうなお金持ちです。でも、その人がどんな立派な家に住んでいるかというと、最寄りの駅からバスで一五分のマンション。大きさだって四人家族で六〇㎡あるかないか。購入価格は中古で二、〇〇〇万円強だったそうです。Ｘ社長の年収なら一括現金購入できてしまう金額です。はっきりいって見栄えはしません。

車だって持っていません。必要な時はレンタカーです。身なりはみすぼらしいわけではありませんが、お金持ちには見えません。近所の人は、Ｘ社長のことを普通のサラリーマンくらいにしか思っていないはずです。

貯めたお金はいずこへ、と調べてみると、自分が住んでいるよりよっぽどいいマンションを都内に保有していてそれを人に貸していたり、株式投資（短期売買なんてしません）で十分な配当を得ていたり。つまり不労所得を得るための資産に形を変えているのです。

不労所得を得られる資産を保有するのは強いです。特に経営者は。

経営者は自分が倒れてしまうとお金が入ってこなくなる可能性もありますから、常に危険と隣り合わせです。

でも、不労所得が入ってくれば、万が一のことがあっても全く問題なしです。さらに、不労所得が入ってくる状況を作れば余裕のある経営ができます。ちょっと業績が悪化しても食べる分は確保できるからです。

そんな**安心感があるから安定した心境で経営し、より儲かってしまうというよい循環**になるのです。

そんな基本的にはケチなX社長のタクシー代、月にいくらだと思いますか?

A　月四千円

B　月四万円

C　月四〇万円

答えはCの四〇万円なのです!

移動はすべてタクシーです。なんでも、タクシーに乗れば電話もかけ放題、ＰＣも使い放題でビジネスを止める必要がないからだとか。

そして、転職してきた従業員（前職は月給三〇万円）に与える給料は月五〇万円！　転職してきた従業員はびっくりです。

「なんでそんなにあげるの？　三五万円でも喜ぶでしょ？」と尋ねると、「それくらいでモチベーションが上がってやる気になってくれるなら、あげればいい」とさらりと言ってのけます。う〜ん、かっこいい。

と、私の知る金持ち社長X氏に登場いただいたわけですが、まとめてみると、金持ち社長は、

○　無駄遣いしない！（お金を生み出さないところには金をかけない）
○　支出にメリハリがある！（必要なところではケチらない）
○　自分に精神的なゆとりを与えるために不労所得を得る努力をしている！

こんな共通点があると思います。

税法を巧みに利用する

金持ち社長は税法を巧みに利用しています。細かい話を把握しているわけではないのですが、**大枠をしっかり理解し、まず、無駄な税金は払いません。**金持ち社長になるために最低限知っておくべき節税の知識は第2章で説明しますので、ここでは簡単に、どのような税法知識を持つ社長が多いかを考えたいと思います。

理由はわかりませんが、**金持ち社長は税法の本質をよくわかっています。**世間一般で税法を知っているといわれる人は税金の計算ができるだけで、本質論を理解している人は少ないと思います。税理士ですらそうです。私も税理士なので偉そうなことは言えないのですが、税理士に「この場合の税金はいくらですか？」と聞くと見事に正確な数字を回答しますが、税金に対する本質論を聞いても良い回答は返ってこない場合が多いです。**税金に対する本質論については勉強により身に付くものではなく、センスと実践によって養われるもの**です。

基本的な思考の一つに、**税引き後の金を使うのではなく税引き前の金を使う**というものがあります。サラリーマンには気の毒な話になってしまいますが、大事な話なのできちんと押さえておきましょう。

例えば、会社の社長が自分のビジネスに必要な書籍を一万円分購入するとします。この書籍代は新聞図書費として会社の経費になります。経費が一万円増えるということは利益が一万円減少しますから、税金は三、〇〇〇円減少することになります。（中小企業の場合、利益に対してだいたい三〇％の税金がかかる。）書籍を一万円買ったら税金が三、〇〇〇円安くなったわけですから、**実質的な書籍代は七、〇〇〇円**になるわけです。

サラリーマンの場合はどうでしょうか。サラリーマンは自分のビジネスに必要な書籍であっても、会社の指示で購入する場合を除けば自分の財布から一万円を出して書籍を購入することになります。ところが、一万円のものを購入してもサラリーマンは税金の金額は一円も変わりません。

つまり、**サラリーマンは一万円のものを一万円で購入し、社長は一万円のものを七、〇〇〇円で購入していることになるわけです。**一万円のものを一万円で購入するのは当たり前といえば当たり前の話なのですが、片や実質七、〇〇〇円で購入しているのと比べるとなんだかやるせない気分になります。

さらにこんな話があります。ビジネスには直接関係ないのですが、税法の知識をうまく活用するという点においてはわかりやすい話なのでご紹介します。

私の友人で、すごく質素な生活をしている人がいます。給料はそこそこ貰っていますので、けっこう貯金があるわけです。額にして五、〇〇〇万円程度。彼は結婚することになり、新居としてマンションを購入することになりました。都心のけっこういいマンションを中古で購入しました。そのマンションは三、五〇〇万円でしたので、彼は現金で一括購入もできます。借金が嫌いな男でしたから、当然一括購入かと思いきや、頭金の五〇〇万円だけをそそくさと支払い、残額三、〇〇〇万円は住宅ローンとしたわけです。年一・二％の金利で借りられました。ところでなぜ、借金嫌いの彼が借金をして現金一括購入をしなかったのか。

勘の良い方ならもうおわかりかと思いますが、その秘密は住宅ローン減税です。今回の場合、彼は一年間で支払う金利はだいたい三六万円（借入金三、〇〇〇万円×金利一・二％＝三六万円）です。

ところが、当時の住宅ローン減税は、借入金残高に対して一％の金額の還付を受けられます。となると、彼の還付税額は「三、〇〇〇万円×一％＝三〇万円」。**支払う金利は**

三六万円、還付される税金は三〇万円ですから、実質的に三、〇〇〇万円を借りて六万円の利息しか払っていないわけですね。

彼は運用上手ですから、年一％～二％の利回りでコツコツ財産を殖やすことができています。となると、借りた三、〇〇〇万円は運用に回す形でさらに運用益を三〇万円～六〇万円獲得することができるわけです。ということは、住宅ローンを組んだおかげで、「運用益三〇万円～六〇万円－実質的な利息六万円」で、二四万円～五四万円を稼ぐことができているわけですね。

もちろん投資リスクもあるし、住宅ローンを組むときの保証料等もありますから、一概にこれが得か損かは言い切れないところがあります。さらに住宅ローンを組んでいる場合、彼が途中で死ねば保険により住宅ローンがチャラになりますので、そのあたりも勘案する必要があります。

ちょっと話が横道にそれてしまいましたが、**税法の知識があったことによって無理やり現金一括購入しないという選択肢が彼に残ったところに注目**していただければと思います。

脱線ついでですが、税法や社会保険の知識はかなり重要です。税金や社会保険料は否が応でも支払うべきもので、これはかなり高額です。日々スーパーマーケットで一〇円、二〇円を節約するよりも、税法や社会保険の基本的な知識を学んで、何万円もの節税、節社会保険料を心がけることはとても大切です。

税法に縛られていない

前項の「税法を巧みに利用する」と相反するのですが、金持ち社長は税法に縛られていません。私は税理士の立場ですから、基本的に税制上、損か得かで社長にアドバイスすることが多いのですが、それに対する社長の反応で、社長の度量がみえることがあります。

けっこう大きな会社の顧問税理士に就任したとき、その社長にこんなことを言われました。

「岸さん、税理士さんと話していると利益を上げることは悪いことだと思えてきてしまうんですよ。税理士さんて、利益が上がったら税金が上がるって大騒ぎするじゃないですか。私はあれが嫌いです。利益を上げてみんなが幸せになればいいと思うんです。だから私は岸さんに利益を上げるためにいろいろ相談をします。岸さんは、私の話を聞いて、**それをやると明らかに税法上不利だという場合に限って税法の立場からコメントしてくださ**

い。まず税法ありきでコメントしないでください。利益が上がれば税金は払います。そして、社会に貢献します」

この話は自分に対する戒めでもあるのですが、税理士は利益が上がっていることに対してネガティブになることがあります。その分税金を払わなければいけないからです。

なので、社長から「利益が〇〇円上がった！」という報告を受けると、「えっ？？」と絶句してしまうこともあるのです。これが税理士の職業病です。税理士という職業は意外と大変で、利益が上がっている社長に対して税金はいくらです、と伝えると「高い！」とか「なんとかしてくれ！！」と言われることが多いので、税金の金額が高くなることに直結する利益増加におびえるのです。だから、利益が上がりそうだと聞くとすぐに利益を減らす手段（節税策）を講じる場合が多いわけです。

利益が上がったからその分税金が増加するということを社長に説明すると、必ず出てくるのが、「役員にボーナスを上げよう」という話です。

税理士の立場から言えば（節税の観点から言えば）、役員賞与は最悪です。税法上、役員賞与は経費になりません。

例えば、利益が一、〇〇〇万円計上されたから役員に一、〇〇〇万円のボーナスを払うとします。利益は、「もともとの利益一、〇〇〇万円－役員賞与一、〇〇〇万円」でゼロになるわけですが、税金計算をする際には、**役員賞与の金額は経費とは認められず、役員賞与を引く前の利益に対して課税**されるのです。なので、利益はゼロであったとしても、一、〇〇〇万円に対して課税され、税金を三〇〇万円以上も支払うことになってしまうのです。もちろんボーナスを貰った役員は、所得税と住民税を納付することになります。

つまり、**会社の経費とはならず、貰った役員の所得になってしまうという恐ろしい性質を持つのが役員賞与**なのです。（普通の給料は会社の経費になり、貰った役員の所得になります。）

そんな背景もあり、「利益が上がったから役員に賞与を払ってあげたい」という話を聞くと、「損だからやめてください」という問答になるのですが、金持ち社長（の素養がある人）ほど、「そうですか。でもそんなことどうでもいいです。**役員たちの努力に報いることができるのであれば税金を払ってでも役員賞与を払いましょう**」というように回答するのです。

私はそれを聞くたびに、すでに大きな会社の社長であれば、「この発想だからここまで大きくなったのか」と感心し、まだ駆け出しの会社の社長であれば、「この人は絶対でかくなるな」と確信します。（でも、んなあほな、とも思います。）

私は税理士ですから、どうしても税金の損得でものを考えてしまいがちですが、**金持ち社長は利益を上げることに最大の関心を払います。**利益を上げた人に対して報いるためには税金を払う発想を持っているわけですね。

まだ起業をしていない方にとっては、「何を当たり前のことを言っているんだろう」とお思いになるかも知れませんが、実際にビジネスを始め、税金の構造を理解するようになると、税金なんて必要以上に払うものかという感情になり、税金を払わないための行動をとるようになります。実際にビジネスを始め、税金の構造がわかるようになった時に思い出していただきたいと思います。

時間を第一の財産と考えている

お金とは関係のない話かもしれませんが、**金持ち社長に共通して言えるのは時間を最も大切にしている**ということです。

前にも書きましたが、**金持ち社長は金を生み出さないところには徹底的にケチである場**

合が多いです。金を生み出さないところに金を使うのは意味がわからないようです。確かに、お金を生み出さないところにお金をかけるのは最大の贅沢《ぜいたく》かもしれませんね。こう書くと、お金を第一の財産と考えているのが金持ち社長のように考えてしまうかもしれませんが、**お金よりも大切にしているのが時間です。**

前述の金持ち社長の典型例のX社長は、お金をあまり使わないのにタクシー代には月に四〇万円も使っていました。四〇万円を払えば、タクシーの車内では携帯電話かけ放題、資料のチェックはスムーズにできるし、時には仮眠を取ることだってできます。もちろんPCだって使えます。**四〇万円を払うことによって最も貴重な時間を買っている感覚なわけですね。**

単純にお金を節約するのであるならば、電車やバスの公共の交通機関を使うべきなのですが、電車やバスの中では携帯電話を使うわけにはいきませんし、座れなければPCも使えません。資料のチェックだって機密防衛のために簡単にはできないわけです。電車を使うと確かに一六〇円ですむわけですが、それは自分の時間を切り取っている代わりに安くなっていると考えるわけですね。だったら、**一、〇〇〇円払って一〇分間自分のすべき業務をしたほうがよほど効率的だと考える**のです。

また、**金持ち社長は決断が早く、あまり時間をかけません。**理由はいろいろあります。どちらの案を採用しようとも大差はないからとか、考えるに値しないからとか。

では、重要な決断についてはじっくり考えるのかというと、これがそうでもない。やはり早いんですね。サラリーマンの立場から見れば「決裁権のある人は早いに決まっているよ」と考えるかも知れませんが、金持ち社長の決断の早さは突出しています。次々に様々な決断をしなければならない経営者には必要な素養なのでしょう。

おもしろい話を聞いたことがあります。**チェスでは、五秒で考えた手と三〇分で考えた手は八〇数％の割合で同じだそうです。**つまり直感は正しいということでしょうか。金持ち社長は経験則からこれをわかっているのかもしれませんね。

基本的な管理会計を感覚的に理解している

お金の話に戻りましょう。**金持ち社長は感覚的に会計を理解しているような気がします。特に管理会計の分野**です。管理会計というのは、会社の儲けを出すためにどうすればいいのかなどを考える分野なのです。

恥ずかしながら私は税理士になった当初、管理会計に対する知識は乏しいものでした（今でもたいしたことはありませんが）。税理士は、管理会計ではなく制度会計の分野の専門家です。税理士は制度に従った会計帳簿や財務諸表（貸借対照表や損益計算書）を作成するのが専門で、実は管理会計はあまりわかってない人も多いのです。

税理士として開業してから様々な社長に会いました。当然、駆け出しの経営者から熟練の経営者までいろいろお会いしました。

駆け出しの経営者の方はほとんど会計の発想はなく、あっても耳学問ですから実践的なものでありません。**熟練経営者の方で儲かっている方は管理会計の思考が色濃くありました**。逆に儲かっていない方は、そもそも興味がなさそうでした。

管理会計なんかわからないと思う方もいらっしゃるとは思いますが、管理会計の学習は簡単な入門編のビジネス書を何冊か読んでいただき、あとは実践あるのみです。初歩の初歩である損益分岐点などの理解については後述します。

The mental attitude of a rich manager

こんなに違う！　お金？の発想

これまでに金持ち社長の特性について考えてみました。最後にまとめとして、金持ち社長、貧乏社長（浪費型）、貧乏社長（頑張り型）のお三方に登場していただき、それぞれに共通の思考をまとめてみたいと思います。貧乏社長についてですが、典型的には二種類いらっしゃると思います。羽振りが良く、素人からは金持ちに見える貧乏社長と、間違えた方向に努力をすることが多い貧乏社長です。上から見下ろしているような感じを与えてしまうと思うのですが、ご容赦ください。

貧乏社長（浪費型）	貧乏社長（頑張り型）
羽振り良し	ケチ
夜型	オールデイ
頭金ゼロ、ランニング多め	頭金少なめ、ランニング多め
多角化、一発大当たりを好む	代金が回収できない。回収の段階で値引きを要求される
本人重視の都心の高級賃貸	可もなく不可もなく
大好き。金利は考えない	恐れている
自分の運転で借金で買った外車。タクシーもけっこう使う	電車、自己所有軽自動車
何となくしか見ない	見るがずれてる
それなりにする	あんまりしない
あまり高くない	高い人が多い
丸投げ	全部自分でやる
モチベーションを上げる。ハッタリが大切	なんとか頑張ります。疲れた。しんどい
激情	低い位置で穏やか
丸投げ＆うなずき役	あまり使わない
電話、携帯メール	臨機応変
破産	死ぬまで現役

こんなに違う！　お金？の発想

	金持ち社長
基本思考	ケチ
生活スタイル	朝型
支出	頭金多め、ランニング少なめ
収入	継続的な収入を好む
自宅	家族本意の住宅地。持ち家率高い
借金	慎重金利重視
移動	タクシー中心、電車は補助的
財務諸表	理解できる
勉強	かなりする
学歴	まちまち
仕事のスタイル	仕組み化を志す
口癖	私は運がいい。周りの人に恵まれている
感情	高い位置で穏やか
専門家の使い方	うまい。月に1度はミーティング、意見交換を巧みにこなす
連絡手段	臨機応変
行く末	不労所得獲得型老後

基本思考

金持ち社長…**ケチ。だが、お金を生み出すところにはきっちり払う。**感謝の気持ちを表すときもきっちり。

浪費型貧乏社長…羽振り良し。借金したときも儲かったと思って使ってしまう傾向あり。素人は金の支出具合をみて、金持ちと勘違いする傾向あり。

頑張り型貧乏社長…ケチ。とことんケチ。

生活スタイル

金持ち社長…**朝型が多い。**午前中に当日の業務を完了させ、ランチから夕食にかけては会食や人に会う作業に時間をかけている気が…。余談だが、大酒は飲まない、または完全に飲まない人が多い。

浪費型貧乏社長…夜型。出社は昼前か昼過ぎ。昼から仕事を始めるので諸々が夜にずれ込む。従業員は朝から来ているので、社長の決裁待ちがどんどん増え、業務が滞る傾向高い。飲みに行くのも夜遅くからなので、当然午前様。翌日の起床も当然遅く、昼過ぎ出社の毎日。

頑張り型貧乏社長…一日中頑張る。朝はあまり早くはないが、夜は遅い。飲んで遅くなるというよりも、頑張って仕事をしているから遅い。従業員もそんな社長を尻目に帰るわけにはいかず、会社全体が遅くなる傾向。従業員はただ単にいるだけという傾向が高い。

支出

金持ち社長…頭金多め、ランニング少なめ。定期的な**固定支出ができるのを徹底的に嫌う**。何を買うにも頭金を多くして、毎月の返済は極力少なくする、またはゼロにする。

浪費型貧乏社長…頭金ゼロ、ランニング多め。欲しいものは今買う。将来自分は大物になると信じている場合が多いため、毎月の返済が多めでもそのうち楽になると信じて疑わない。このランニング多めが後々響き、窮地に追いやられる。

頑張り型貧乏社長…頭金少なめ、ランニング多め。頭金は出せない。でも必要なものは買うのでランニングは多くなる。無茶はしないからその点は安心して見てられる。

収入

金持ち社長…**継続的収入を好む。**毎月少しずつでも長期間安定的に入ってくるような仕組みを作ろうとする。

浪費型貧乏社長…一発大当たりを望む。一万円はお金にあらず、最低一〇〇万円単位からを狙う。一発大当たりの取引を好むため、友人から勧められるビジネスにどんどん進出し、多角化を図る傾向がある。そのうち本業がなんだかわからなくなる傾向が多い。

頑張り型貧乏社長…そこそこ売上は確保するが、貸し倒れたり、回収の時に値引きを要求されたりしてしぶしぶ応じてしまうことが多い。値引きを考慮すると結局、赤字販売になったりすることがある。

自宅

金持ち社長…**家族本意に住宅地に住む。**持ち家率が高い。一点豪華のこだわりがある。駅からすごく近いが狭い、駅から遠いがすごく広い、など。

浪費型貧乏社長…本人本意に都心に住む。賃貸率が高い。全部豪華主義で、駅からも近いし広い。賃貸なのは、てっとりばやく上のランクの生活ができるから。お金が貯まらない性格なので豪華な持ち家は持てない傾向。

頑張り型貧乏社長…特徴が見られない。

借金

金持ち社長…慎重。金利重視。**不要な借金は極力、しないようにするが、必要な投資の時はどんどん借りる**。が、金利はとことん重視し、〇・一％でも安く借りようとする。

浪費型貧乏社長…大好き。金利は考えない。考えないというより、知らない場合も多い。金利のゆでガエル（79ページ参照）になる傾向。金利何％で借りられるかではなく、いくら借りられるかが重要。

頑張り型貧乏社長…必要な借金もしたがらない。借金恐怖症。

移動

金持ち社長…タクシー中心。電車は補助的。**お金の節約というよりも時間の節約を心がける**。

浪費型貧乏社長…自分で運転、借金で買った外車を乗り回す。歩いて五分も当然タクシー。

頑張り型貧乏社長…電車中心。徹底的にお金を節約する。

財務諸表

金持ち社長…**理解できる。**

浪費型貧乏社長…ほとんど見ない。理解するつもりもない。

頑張り型貧乏社長…一生懸命見ようとするが、どうも論点がずれている。

勉　強

金持ち社長…かなりする。**読書量の多い人が多い。**特に上のクラスになるとビジネス書では飽きたらず、歴史書からなぜか育児書まで幅広くかなりの文献に目を通している。人の話から学ぶことが大好きで、知識のある人に出会うといろいろ聞き出し、メモを取っている感じ。

浪費型貧乏社長…それなりにするが、偏っている傾向が高い。自分の分野のみであったり。

頑張り型貧乏社長…不思議と、あまりしない。日々の仕事に追われてしまっているから？　学生の頃優秀であった人が多いので、自分の知識は優れていると思ってしまっている場合が多く、知識のアップデートが行われていない傾向がある。

学　歴

金持ち社長…まちまち。**中卒からハーバードビジネス修了まで幅広い。**
浪費型貧乏社長…あまり高くない場合が多い。
頑張り型貧乏社長…高い場合が多い。基本的に大卒率が高い。

仕事のスタイル

金持ち社長…**仕組み化を志す。**自分がいなくても業務が進むように考えている。マニュアル、チェックリストなどの作成を従業員に指示し、自らも積極的。
浪費型貧乏社長…○○くん、やっといて、という丸投げ仕事が多い。で、うまく進んでいない報告を受けてしかりつけること多し。

頑張り型貧乏社長…全部自分でやる。人に説明するくらいだったら自分でやったほうが早いと考えている。結果、従業員のスキルが全く上がらない。

口癖

金持ち社長…**「僕は運がいい」、「周りの人に恵まれているんですよ」**

浪費型貧乏社長…モチベーションを上げる。ハッタリが大切。「昨日、モチベーション上げるために会社の人間連れて、キャバクラに行った。三〇万円使った！」、「そっちじゃハッタリが利かないからこっちの高い方にしよう」

頑張り型貧乏社長…「なんとかなると思います。頑張ります」、「疲れました」、「しんどいです」

感情

金持ち社長…**高い位置で穏やか。**何を聞いてもそんなに驚かないけど、嬉しいことを聞くとすごく喜ぶ。ポジティブ。従業員は社長をあんまり怖がらない。

浪費型貧乏社長…激情型。褒めるときはとことん褒めちぎるが、けなすときはとことんけなす感じ。従業員は次第に社長のご機嫌にびくびくしだす。

頑張り型貧乏社長…低い位置で穏やか。ネガティブな感じ。従業員は、「社長が来ると部屋の空気が重くなるよね」と陰口。

専門家の使い方

金持ち社長…**うまい。**月に一度は打合せを行い、意見交換を巧みにこなす。普段は専門家を先生、先生と持ち上げておいて専門家を気持ちよくさせておくのが上手。

浪費型貧乏社長…丸投げ＆うなずき役。「よくわからないので全部お任せします」の一言で丸投げし、報告があってもよくわかんないからうなずいているだけ。

頑張り型貧乏社長…専門家はお金がかかるからあまり使わない。でも、お金払って使っておけばいいことあったのに、と後から聞いて思うこと多し。

連絡手段

金持ち社長…**臨機応変。**緊急性の低いものはメール、高いものは携帯電話。連絡をされる方もこの特質を知っているので、携帯電話に着信があると夜中でもかけ直す。

浪費型貧乏社長…電話、携帯メール。思い立ったらすぐ連絡したいので、いちいちPCに向かってメールで連絡などしない。緊急性に関係なしにとりあえず電話をするので、相手も面倒な時は出ないことが多くなる。

頑張り型貧乏社長…臨機応変。相手のことを考えすぎる傾向があり、緊急性が高いときでも電子メールでの連絡がちょっと多い。

行く末

金持ち社長…**不労所得獲得型の老後を送る。**自分で仕組み化した会社の配当や不動産からの収入で余生を送る。

浪費型貧乏社長…破産する傾向が高い。ちなみに、この経験を得て、考えを改め、金持ち社長になる人は多い。

頑張り型貧乏社長…死ぬまで現役。

第2章 経営者が知るべきお金の常識

経営者が知るべきお金の常識とは

The knowledge of money that a manager should to have

ここまでに経営者の心構えについてお話ししました。

ここからは、経営者が知らなければいけない常識をご説明いたします。

具体的には、まず**ビジネスを伸ばすコツ**を説明します。

次に**資金計画の作り方**を説明します。お金は企業の血液です。お金が回らなければ血液が回らないのと同様になりますから、企業は死んでしまいます。死なないための資金計画を知っていただきます。資金計画を説明しつつ、管理会計の常識についても触れてみましょう。

また、**節税の常識**を説明します。ビジネスの基本は利益を上げることです。法人税や所得税の税金はその利益に対してかかるものですから、多少の税金を支払うのは仕方がないことです。税金を全く支払わないということは、利益が上がっていないか脱税をしているかのいずれかということですので、好ましいことではありません。ですが、余計に税金を支払うのもとても無駄な話です。基本的な節税の方法を説明します。

ビジネスを伸ばすコツ

The knowledge of money that a manager should to have

会社を潰《つぶ》さない三つのポイント

税理士をやっていて起業希望者からよく問われるのが、資金調達の仕方とビジネスの伸ばし方の二つです。ここでは、ビジネスの伸ばし方について考えてみたいと思います。

ビジネスを伸ばすコツはまず潰さないことです。人間も同じかも知れませんが、潰れてしまっては元も子もありません。逆に言えば、潰れなければなんとかなるものです。私の友人が奥様に「なんでおれと結婚しようと思ったの？」と聞いた時の回答が「なかなか死ななそうだったから」だそうです。友人は絶句したそうですが、私は、なるほどな～と感心しました。これは真理でもあるわけです。死ななきゃなんとかなる、と。

では、どうすれば会社は潰れないのか。お金がふんだんにあれば会社は潰れることはないのですが、お金は有限の資源で無限にあるものではありません。そこで、経営者として覚えておかなければいけない、会社を潰さない三つのポイントは次のとおりです。

①　**固定支出を抑制する**
②　**貢献利益率を高める**
③　**運転資金を減らす**

どれもこれも、なーんだ、そんなこと知っているよということになると思うのですが、非常に大切なことですから、確認してみましょう。

固定支出を抑制する

固定支出がゼロであれば会社が潰れることはありません。固定支出とは売上に関係なく発生する支出です。（逆に、売上に連動して発生する支出は変動支出です。）

私の知り合いがサイドビジネスで、自動販売機を家の前に置いて小銭を稼いでいますが、このサイドビジネスは絶対に潰れることはありません。なぜなら、固定支出がほとんどかからないからです。電気代が恐らく月に数百円かかるだけで、「売れた本数×数十円」の金額を業者から受け取るだけのビジネスです。もちろん儲けはそんなに大きくはありませんが、労力もかかりませんし、固定支出もほとんどないため、仮に売れなかったとしてもダメージがないわけです。

これは極端な例だとしても、**固定支出を徹底的に抑制することは、会社を潰さないためにもお金を残すためにもとても大切**です。

ここで、固定支出の代表例を考えてみましょう。**業種にもよるとは思いますが、基本的に重要なのは、①人件費、②地代家賃、③借入返済の三つ**です。その中でも最重要視すべきなのが人件費です。なぜならば人件費に連動して地代家賃が上がり、借入返済が増加することが多いからです。この傾向は労働集約的な産業について高く見られます。

私のビジネスは税理士業です。税理士業は労働集約的な産業にあたります。労働集約的な産業の要は当然に人材です。やり方にもよりますが、**仕事が増えれば増えるほど人材が必要**になります。人を雇えば月給がかかります。さらに仕事が増えるとさらに人材を雇うわけですが、いつの間にか机を置く場所がなくなってきます。そうすると、広いオフィスを求めて事務所を移転することになります。当然大きい場所に移るわけですから、都心から田舎にでも引っ越しをしないかぎり、家賃は上がるわけです。オフィスですから保証金も高く、下手をすると月額賃料の一〇カ月分くらいかかってしまいます。月額賃料五〇万円のオフィスだったら保証金は五〇〇万円になるわけです。五〇〇万円ものお金を一度に用意するのは困難で、そんなときに銀行からお金を借りるわけです。借りた金は当然返さなくてはいけないですから、毎月一〇万円ほどを返済することになります。

このように、**人を雇うと地代が増え、借入返済の金額が増えてしまい、どんどん固定支出が増大**してしまうことになってしまうわけです。

売上が順調に伸びていけば、増加した固定支出をなんとか支払っていくことは可能ですが、仮に売上が減ってしまったら大変なことになります。労働法により、**人を解雇することは難しい**ですし、**オフィスを引っ越すのも困難**です。ころころ引っ越しをしていると信用も失う可能性があるし、大きいオフィスに移れば、見栄えがよいにしてもダウンサイジングは儲かっていないことを宣伝するようなものです。**借金だってなくなるわけではありません**し。

このように、一度増えた固定支出はなかなか減らすことができませんから、①固定支出を増加させないことと、②なるべく固定支出を変動支出化することが大切です。具体的にどのようにすればよいかを検討してみましょう。

人件費の抑制と変動支出化

まず、人件費について考えてみましょう。

人件費については、「人はなるべく雇わないで自分一人でなんでもやればいいじゃないか」という意見が多いと思います。当然、そのとおりなのですが、なんでもかんでも自分でやろうという発想は大きなビジネスにつなげようと考えている場合、好ましい考え方ではありません。

当然、金がなければそのようにやるしかないし、ビジネスの仕組みを作り上げるまでは自分自身で汗水流して働いて、マニュアル化、仕組み化を進めていくしかないわけです。

しかし、いつまでもそんな発想でいると、ただ忙しいだけの経営者になってしまいます。経営者は考えるのが仕事ですから、自分以外でもできる業務については**どんどん他人に任せて、時間に余裕を持たなければなりません**。時間に余裕があり、考えることができなければそのビジネスは長続きしないのです。

話が横道にそれてしまいました。人件費の抑制については、徹底したアウトソーシングが重要です。

ドラッカーはその著書の中で、**考える仕事（まさに社長業）以外は、すべてアウトソーシングできるしすべきである**と述べています。特に総務経理系のいわゆるバックオフィス業務については、社内で競争も生じないし他企業との比較も行われづらいため、合理化が進んでいかないのが現状です。

そこで、総務経理系の業務はアウトソーシングしてしまい、その道のプロに任せてしまうのです。アウトソーシングのメリットは、合理的に行動できるプロを使えるということのほかに、**業務量に応じて報酬を変動支出化できるという利点**があります。

例えば経理総務の人材を社員として雇った場合、常に仕事を与え続けなければいけません。月給制であった場合、月に何時間働いていくらという契約で従業員を雇っているわけですから、その時間は働いてもらわないと損だと経営者は思うし、働いている方も仕事がないのは辛いことですから、仕事がないときに経営者は無理やり妙な仕事を与え、従業員の方も無理やり妙な仕事を作り出すわけです。そしてなぜか、その妙な仕事はルーティンワークと化し、ほかに重要な業務がどんどん増えてきてもなぜかルーティンワーク化された業務は消えず、忙しいから人を増やしてくれという従業員からの大合唱に見舞われることなるのです。

売上に直接貢献しない部門を間接部門（いわゆるバックオフィス系。経理など）といいますが、**日本の企業はこの間接部門が肥大化し、間接部門のコストが競争力を妨げている**といわれています。

そこで、バックオフィス系は必要最小限を自社内で行い、他のものについてはアウトソーシングしてしまうことによって、前述の肥大化スパイラルから抜け出そうとする手法を取ることが大切になるわけです。

そのほかには派遣社員の活用も考えるとよいでしょう。派遣社員は時給二、〇〇〇円から三、〇〇〇円という報酬形態ですから、かなり高いようにみえますが、有期契約が可能ですから、繁忙期だけ来てもらうような契約をしてしまえば、不要な固定支出にはならないのでむしろお得なのです。

そのほかに考えることもたくさんあります。**他人の力をうまく活用すること**です。

例えばこんな話はどうでしょう。ある税理士さんは、自分の事務所に出入りしていた他人の会社の営業員を自分の事務所の営業員にしてしまいました。その営業員は勤めている会社を辞めたわけではなく、アルバイトというか、ついで仕事として頼んだわけです。その営業員の名を、例えば山口さんとしましょう。

税　理　士「山口さん、うちの営業やらない？」

山口さん「え？　会社を辞めて先生（税理士）の事務所で働けってことですか？」

税　理　士「違うよ。今、山口さん、営業でいろいろな会社を回っているじゃない。その時に一言、『税理士さん探していませんか？』って聞いてくれるだけでいいんだよ。それで、山口さん経由でうちの事務所と顧問契約する人が現れたら、山口さんに顧問料の一カ月分を謝礼として払うからさ」

山口さん「そういうことですか。たやすいご用ですよ。その代わり会社には内緒にしておいてくださいね」

みたいな感じです。この税理士のしたたかなところは報酬を成功報酬にしてしまったことです。

山口さんにしても、方々の会社を回っている時に一言「税理士いりませんか？」と聞くだけですから、特にコストも時間もかからず、しかも顧問契約に至れば自分のお小遣いも増えるというけっこうお得な取引です。

税理士からしても、顧客が増えるということは収入の裏付けがあるということで、その中から山口さんに払うだけです。当然、山口さんが仕事を取れなかった場合には支払はないわけですから、痛くもかゆくもありません。しかも税理士業務というのは顧問料ビジネス（毎月お客さまから一定額を頂戴する）なので、取引はワンタイムではなくかなりの長期間継続します。こうして、この税理士は成功報酬型の営業員を一人ゲットしたわけです。はやりの言葉で言えば、**アフィリエイト型の営業員**ですね。

このような工夫をすることによって、本来ならば月給（＝固定支出）を払って営業マンを雇うべきところを、**成功報酬（＝変動支出）という完全に売上に連動する形式にすり替えることができる**わけですね。頭は使いようといったところでしょうか。

地代家賃の抑制と変動支出化

次に、地代家賃について考えてみます。人件費の抑制と変動支出化ができれば、それに連動して地代家賃も抑制できてきます。

もちろん、地代家賃をケチるとどうしようもない商売もなかにはあります。

例えば、高級ブランドのブティックなどはそうですね。高級ブランドのブティックは銀座や表参道みたいな場所にあるからお客が来るのであって、田舎にあっても興ざめでしょう。

地代家賃が最重要のビジネスは別として、そうではないビジネスを考えてみます。

まず、来客がないビジネスであるならば、オフィスはあまり上出来である必要はありません。古いビルの一室を借りることや、事務所設置を認める居住用マンション等を利用すると安価で済ませることもできます。また、労働集約的なビジネスであるならば、都心部にオフィスを構えるのではなく、都心から電車で一時間くらいの場所に大きめのオフィスを借りたほうが有利でしょう。同じ家賃であるならば、都心よりも都心から離れたほうが広めのオフィスになるでしょうから、労働集約産業の基盤としてはこちらの方がよいです。

営業上、都心のアドレスが欲しいということになれば、極端な話、バーチャルオフィス（会社登記の住所だけ貸してくれるビジネスのこと。利用者はけっこう多い。電話を転送してくれたり、郵便物も転送してくれる）を利用すればアドレスとしてのハッタリも確保できます。

また、このバーチャルオフィスは、サービスオフィスも併設している場合も最近は増えており、こちらの利用価値もとても高いと思います。検索サイトで「サービスオフィス」と検索してみてください。いろいろなサービスオフィスが出てくると思います。サービスオフィスは、わかりやすい言葉に置き換えればレンタルオフィスみたいなものなのですが、その高級版という認識でよいと思います。外観は超が付くほど格好良く、中に入ると受付があり女性スタッフ（もちろん男性の場合もありますが）が笑顔で応対してくれます。サービスオフィスの中は小さいスペースに区切られており、そのスペースを各事業者が借りている状況です。小さいスペース以外に、共有の会議室やセミナールームも兼ね備えています。

余談ですが、私のお客さまがいらっしゃるサービスオフィスは表参道の一等地にありながらオープンデッキがあり、そこから見渡す六本木ヒルズやミッドタウンが最高の眺めです。

サービスオフィスたるゆえんはただの場所貸しではなく、受付スタッフが自社スタッフのようにこまごまと面倒を見てくれ、様々なサービスを提供してくれることからです。

サービスオフィスは、**小さな区切りを貸している形ですから、例えば、始めは一区画だけ借り、人が増えたらもう一区画借り、辞めてしまったら返し、ということを繰り返すことによって地代家賃を変動支出化することが可能**になります。パッと見たときの賃料は高く感じるのですが、諸々の利便性や地代家賃を変動支出化できるメリットを考えると、非常に良いサービスだと思います。

地代家賃の抑制で、最大の大技は**従業員を自宅で作業させるというもの**です。内職という話になるかもしれません。私の知り合いのデザイナーでこんな人がいます。事務所は自宅の一室。従業員は二名です。従業員さんは普段は自分の家でデザインをし、事務所には週に一度の打合せの時しか呼ばないのです。**これは事務所を拡張しなくてよいので家賃が増加しないというメリット**があるばかりか、**通勤交通費もかかりません**。諸々の問題はあると思いますが、発想方法としてはおもしろいと思います。

借入返済支出を減らす

借金するから返さなければいけないわけで、**借入返済支出を減らすためには借りないのが基本**です。借入をしないためには、人件費支出の抑制・変動支出化、地代家賃の抑制・変動支出化のほかに、次のような項目があります。

① 自己資金を十分に用意する。
② 初期費用をなるべく抑制する。
③ 運転資金を減らす努力をする。

これらについては80ページ以降で詳細に説明します。

貢献利益率を高める

固定支出の抑制について考えた後は、**貢献利益率をどのように高めるかを考える必要があります**。ここでまず、貢献利益を定義しておきましょう。貢献利益には様々な定義がありますが、本書では、「貢献利益＝売上－売上原価－直接販売費」とします。

売上は説明不要として、売上原価は、その売上を得るにあたって要した商品等の仕入額のことです。直接販売費は、売上を得るにあたって必要な広告費等を指すものと考えましょう。

例えば、「ラーメン小池」の貢献利益はどうでしょうか。「ラーメン小池」のある月の売上は一〇〇万円でした。ラーメンを作るために要した材料費は三〇万円。お客さんを呼び込むためのフリーペーパーの広告代が五万円でした。「ラーメン小池」の貢献利益は、「売上一〇〇万円－材料費（売上原価）三〇万円－広告代五万円＝六五万円」ということになります（単純化のため売上原価は材料費だけとしています）。「ラーメン小池」はこの六五万円の貢献利益で固定支出を支払うことになります。

このビジネスの源になる**貢献利益はビジネスの源になる**ということを覚えておいてください。

貢献利益率を高めるためには、売上アップ、原価ダウン、直接販売費ダウンをする必要があります。当たり前の話ですね。

では、どのように各項目を改善していけばよいのでしょうか。

売上アップを科学する

売上は「顧客単価×顧客数」で決定します。ということは、**顧客単価を上げる努力と顧客数を上げる努力をする必要**があるわけです。

①　顧客単価アップの方法

顧客単価を上げるためには何をする必要があるでしょうか。「ラーメン小池」の場合は、お客さんが「ラーメン一つ」と注文してきたら、「当店、チャーシューのトッピングが人気ですが！」と笑顔で言うだけで、「じゃあ、チャーシュー付けて」と返答があることが多いです。女性だとカロリーを気にする方も多いと思うので、「デザートに〝ノーカロリー杏仁豆腐《あんにんどうふ》〟（こんな商品あるかどうかは不明ですが）はいかがですか？」になるかもしれません。これで二〇〇円のトッピング料が付くわけです。この手で、チャーシュー麺を頼む人には、「煮卵が大好評なんですが、いかがですか？」、ビールを頼む人には、「ビールセットになさるとプラス一九〇円で餃子が付きますが！」というような感じで、**さらりとお勧めすることにより顧客単価をアップ**させるのです。たかが一〇〇円と思うなかれ。もともとの顧客単価が一、〇〇〇円であるならば、一人あたり一〇〇円単価をアップすれば率でいえば一〇％、月の売上が一〇〇万円から一一〇万円にアップするわけです。**顧客単価は一円でも高くが基本**です。

余談になりますが、ちょうどこの原稿を書いているとき家族を連れて動物園に行きました。そこで見たいくつかの客単価アップの方策には感心しました。まず、駐車場で一、〇〇〇円取られました。入場料を払って中に入ると、おいしそうなお菓子がたくさん売られているし、子供が集まる所には風船を売っている人がいます。案の定、子供は欲しい、欲しいと騒ぎだし、買わされる羽目に。そして、ちょうど象さんの前を通りかかると、「象さんのおやつの時間でーす！　たったの五〇〇円で象さんにおやつをあげることができまーす！」。それを聞いた私は、「なんで金を払ってまで象におやつあげなきゃいかんのだ」とぶつぶつ言いながらも、「先着二五名様限定でーす！」のかけ声の前に並んでしまったのでした。まさに魔法の言葉、「先着○名様」にはまった感じです。象さんにおやつをあげながら、「いろいろな工夫で客単価を上げているんだな」と感心した次第です。ところが、その日、午後二時くらいにザーッと雨が降りだし、お客さんが一斉撤収。泣く子と天気には勝てませんね。

②　顧客数アップの方法

いろいろな方法があると思いますが、手っ取り早いのは広告宣伝です。「ラーメン小池」の場合は各種のフリーペーパーに五〇円引き券などを付けて配布などすれば、顧客数アップにつながります。

しかし、これがまた難しいわけです。**割引券の配布は顧客単価アップに相反**します。さらに、フリーペーパーなどへの広告宣伝費がかかるわけですから、後述する直接販売費がアップする形になるわけです。

顧客数アップを考えるときに大切なのは、このあたりのバランスを考察することです。

それも机上ではなく、一個一個データをとり、次の広告宣伝につなげることが重要になります。データはとても貴重ですから、割引券を持ってきたお客さんが何歳くらいなのか、何を注文していったのか、友達を連れてきてくれたかなどの**データをコツコツ取りたいものです。**

そして、広告宣伝をして（割引をして）得たお客さんのリピート率を上げることが重要です。**リピート率を上げるのは味しかない**んですね。**注意したいのはフリーペーパー貧乏にならないこと**です。**顧客数が少ないからフリーペーパーで広告を出す ⇓ 割引目当ての客が集まる ⇓ 味が良くないのでリピーターにならない**という循環になるばかりか、フリーペーパーに広告を出してから間が空くとまた顧客数が下がるから、またフリーペーパーに広告を出すという悪循環に陥るのです。

すると、あの店は常に割引をしているということになり、逆に言えば**割引価格が正常価格、本当の価格の時は割増価格**という感じになってしまい、顧客単価の値崩れに拍車がかかるわけです。こうなってしまうと、もうなんのために営業しているのかわからなくなり、店を閉じるのも時間の問題になってしまうわけです。

顧客数のアップは結局商品の力に依存します。「ラーメン小池」なら味です。開業前に商品の力をじっくり作るのはとっても重要なことですね。

原価ダウンを科学する

売上アップの後の課題は原価のダウンです。原価ダウンはけっこう難しいです。

「ラーメン小池」の場合の原価の中心は材料です。麺やスープのだしをとる鶏ガラ、チャーシューなんかが原価を構成するわけです。原価を下げること自体はそんなに難しくありません。安い材料を使えばいいわけですから。でも、安いものには安い理由があるわけですね。たぶんおいしくないわけです。おいしくないものを提供すると当然、リピーターは来なくなります。となると、売上が伸びないということになるわけですね。

では、味を保ちながら原価を下げるためにはどうすればよいのでしょうか。

まず考えられるのは、**安い仕入先を探すこと**です。同じ材料を買うのであるならば安ければ安いほどよいに決まっています。だから一生懸命安いお店を探してください。安いお店を見つけることができたら、そこからさらに値段の交渉をするわけです。どんな方法でもいいわけです。例えば、毎月一〇万円以上は絶対に買いますから、一％オフにしてくださいとか、友人のラーメン屋にもこの店で買うように言いますから二％オフにしてくださいとか。材料は毎日使う物になりますから、やはり一円でも一％でも安いほうがよいわけです。

ほかにも、友人のラーメン屋と共同購入し、大量注文による値引きを狙うなどの手法も考えられるわけですね。

あとは過大サービスの見直しです。ビジネスというのは一生懸命やればやるほど不必要なものを相手に提供しがちになるわけです。例えば、何もトッピングがないラーメンを頼んでいるのにチャーシューを三枚ものっけていたり、ちょっと麺の本数をおまけしていたり。もちろんそういうサービスも重要なのかもしれませんが、過剰サービスを取り除くことによって原価を下げることができれば利益の増加に直結します。

原価ダウンについてもいろいろ書きましたが、**最も良くないのは原価の把握ができていないこと**です。意外と多くの経営者が原価を把握していません。極端な話、原価一五〇円のチャーシューを一〇〇円で提供しちゃっている場合があるわけです。これでは、売れば売るほど損をするという信じられない現象に陥ります。原価の把握もきちんとしましょう。

さらに、売れ筋商品、死に筋商品の見極めも重要です。

例えば、「ラーメン小池」の店長小池さんが自信を持って提供している豪華ラーメンは

二、〇〇〇円ととても高価な品で、ほとんど注文されることはありません。でも、いつ注文が入るかわからない豪華ラーメンのために専用豪華チャーシューを毎日仕入れているとしたらどうでしょうか。専用豪華チャーシューの行く末を見ていると、だいたい毎日従業員の賄いにまわっているわけです。従業員に高い飯食わせてどうするってことになりますから、この辺の管理も重要になります。

直接販売費ダウンを科学する

意外と放置されがちなのが直接販売費です。直接販売費はなんとなく消費されてしまう部分ですから、しっかりと管理しなければなりません。わかりやすいところでは広告宣伝費です。ほかには、例えば代理店などを使って商品の販売をしてもらっている場合に、代理店に支払う手数料も直接販売費になります。

ビジネスをやる以上、広告宣伝は避けて通れるものではありません。しかし、やみくもにやればいいというものでもありません。何を目的に広告宣伝をするのかを意識し、広告宣伝をしたならばその反響がどうであったのか、反省点は何なのかを**データとして蓄積**していきましょう。広告宣伝の手法は、やればやるほど上手になっていくのですが、なるべく早く上達するためには毎回の反省が必要になるわけです。

直接販売費を最も減らす方法は、**口コミを重視**することです。**常連の口コミで来てくれるお客さんは良い客になることがほとんど**です。逆にフリーペーパーなどの広告宣伝で来てくれるお客さんは、リピーターにはならずに一度きりで終わってしまう場合が多いです。なによりも**口コミには金がかかりません**。一円も支出せず、上客を獲得できる魔法の手段である口コミは、結局、商品の力とあなたの魅力によって醸成されるわけですね。お客さんの一人一人を大切にしなければいけないということではないでしょうか。

運転資金を減らす

運転資金は徹底的に減らしましょう。運転資金がかからないビジネスは、基本的には潰れる可能性がすごく低くなります。運転資金は、「在庫＋売上債権－仕入債務」で計算されます。

在庫なし、現金商売（現金で販売する）、仕入は掛けというビジネスは最強です。逆に、在庫を抱え、現金仕入、販売は掛けという商売は最悪です。

運転資金の減らし方については後述しますので、ここではこれくらいにしておきましょう。

資金計画の常識と管理会計の常識

当たり前の話で恐縮ですが、お金はとても大事です。お金はビジネスの血液です。血液が滞れば人間が死んでしまうのと同様で、お金が滞ればビジネスは終わってしまうのです。ある金融機関の方から聞いたのですが、開業五年以内に倒産する人の原因の約九割は開業時の資金不足、資金計画の甘さに原因があるということでした。

会社の潰し方

ここであえて、**会社の潰し方**を紹介しましょう。十把ひとからげにしてしまうのもどうかと思いますが、会社を潰してしまう方の流れはおおむねこんな感じです。

Aさんはサラリーマン、今年三〇歳です。会社での成績は上がらないし、人間関係にも悩みがあり転職をしたいと考えていました。

そんなとき、フランチャイズのラーメン店の存在を知りました。なんとなく電話して説明を聞いてみると、「初めての人でもほとんどの方が利益を上げることができているシステムです。ラーメン店が初めての方も四週間みっちり研修しますから安心です。Ａさん、今がチャンスです。**通常三〇〇万円の加盟金が今週中にお申込みいただけると二五〇万円になるキャンペーン期間中**ですよ。ただ、あと二人しか枠がなくて、たぶん今日にでも決まってしまうと思います。どうしますか？」。

Ａさんは、これはチャンスだと思い、慌てて申込みをしました。

今の会社の人間関係にも悩んでいたし、給料も上がりそうもないし、まあいいやと思い、フランチャイズラーメン店に加盟申込みをし、その翌日会社に退職願を出し、退職してしまいました。なんとなく会社を辞めたいなと思ってはいたものの、急に人生が動き出したのです。**転職ではなく、独立開業。しかも無計画**です。

とりあえず手付金を払えと言われたので、手付金としてこれまでに貯金したお金一五〇万円をすべてフランチャイズ本部に支払いました。お店の開業にこぎつけるためには、残りの加盟金一〇〇万円とお店の取得費用などの初期費用が八〇〇万円で合計九〇〇万円かかると説明されました。

ところが、Aさんの資金はもうすでにありません。自己資金がもうないわけですから、この九〇〇万円は借入をしなければなりません。金融機関数カ所を回りましたが、**業界未経験**であることと**自己資金が少ない**ことを理由にお金を融資してくれるところはありませんでした。

なお、フランチャイズ本部に支払った手付金は、解約しても返ってこないと説明を受けています。

Aさんは焦りました。会社は辞めてしまったし、貯金の一五〇万円は払ってしまって手持ちはないしで八方ふさがりな感じです。フランチャイズ本部に相談してみると、**少し金利は高い**けどフランチャイズ本部を通すと五〇〇万円まで借りることができると言われました。**金利は年一二%**だそうです。ただし、**連帯保証人を付けてくれ**と言われました。

これで、Aさんは連帯保証人と残金の四〇〇万円を調達しなければいけません。頼れる人は両親しかいませんので、父親のところに頭を下げに行きました。父親はちょうど**退職金が出たばかり**ですし、頑張る子供を応援したいとの一心から連帯保証人と四〇〇万円の資金援助を了承しました。しかも、四〇〇万円については、金利はいいよ、元本は毎月五万円ずつ返してくれればいいからという話になったわけです。親はありがたいものですね。

こうして、Aさんは加盟金二五〇万円と店舗取得費用などの初期費用八〇〇万円の合計一、〇五〇万円を次のような手段で調達しました。

自己資金…一五〇万円
金融機関からの借入…五〇〇万円（金利年一二％、五年間元金均等返済、父親の連帯保証付き）
父親からの借入…四〇〇万円（金利ゼロ、毎月五万円ずつ返済）
合計…一、〇五〇万円

資金調達も完了、四週間の研修も終え、いよいよラーメン店のオープンです。店作りなどはフランチャイズ本部の人がやってくれました。

いよいよオープン！　オープンから三日間は半額でやっていますから、ランチタイムや夕飯時は行列です。「いける！」Aさんは確信したわけです。ところが…。

三日間の半額期間が終わると、お客さんはまばらです。一日の売上は一万円台前半まで落ち込みました。

こうして初めの一カ月が過ぎました。売上は合計五〇万円。かなりまずいです。ちなみに**Aさんはこの期間、ほとんど寝ていませんし、休日はゼロ**でした。人を雇う余裕はありませんから、全部を一人で頑張りました。身も心もずたずたです。初めての月末。支払日になりました。初めての支払は次のとおりでした。

フランチャイズ本部へのロイヤリティー…三万円

食材…一〇万円

水道ガス光熱費…五万円

家賃…一五万円

半額フェアチラシ代…五万円

金融機関への返済…一三万円（元本八万円、利息五万円）

父親への返済…五万円

　合計…五六万円

Aさんは焦りました。六万円足りません。売上は五〇万円でしたから手許には五〇万円の現金しかなく、慌てて父親に電話して、今月の支払は猶予してもらいました。父親も、初めは大変だろうからいいよと快諾してくれました。あと一万円足りません。残りの一万円はなんとか自分の財布に入っていたお金を充てて、支払を完了させたわけです。よかった、なんとか支払えた。

ところが、これだと自分の生活費がありません。貯金は使い果たしています。この一カ月は、お店の食材をつまんでなんとか飢えには耐えました。ところが自宅は賃貸アパートでしたから、自宅の家賃を払うことができません。今月はちょっと待ってもらおうと覚悟を決め、支払をしませんでした。

その翌月。やはり売上は伸びません。オフィス街でもないからランチに期待できるわけもなく、夜には近所の家族連れがちょぼちょぼ来てはくれるのですが、ひどい日になると一組だけです。お店を閉じては売上になりませんから、毎日店を開け続けました。二カ月目の売上二八万円。支出は四四万円。一六万円足りません。父親に返済は無理だという電話をして、かつ、申し訳ないが二〇万円ほど貸してくれないかと電話しました。**今月も休めませんでした**。自宅のアパートの家賃もやはり払えません。

そんな生活がここから三カ月続き、とうとう父親から、「**ごめん。もう貸すことはできない**」と突き放されてしまいました。こうなると金策に走るしかありません。

お店を始めてから五カ月。一日も休みがありませんでしたが、初めて店を休みました。

金策に走るためです。友人、知人を回りましたが、なんだかんだ理由を付けられ、**貸してはもらえませんでした**。Ａさんの気力はついえました。気力がついえると恐ろしいものです。Ａさんは倒れてしまい、そのまま入院してしまいました。当然、店は開けません。売上も入りません。こうしてＡさんの**お店は閉店、借金はほとんど残り、連帯保証人である父親が退職金の残りを充て返済**することになりました。

なぜＡさんは潰れたか

こうしてＡさんは潰れました。なんとなく理由はおわかりかもしれません。

無計画

Ａさんはラーメン屋の経験もなく、またラーメン屋をやろうとも考えていませんでした。なんとなくフランチャイズに加入し、なんとなくラーメン屋を始めました。ノウハウなどはありません。

Ａさんは初めに人を雇うことをしませんでした。人件費が無駄だと考えたわけです。ところが、自分の健康と自分が休んでいる間に店を開けることができるということを考慮すると、人は雇っておいたほうがいいわけです。父親は定年なさっていたわけですから、応援をお願いすべきだったのかもしれません。ところが経験もない、熟慮したわけでもありませんからそこまで頭は回りませんでした。

フランチャイズに加盟する人は、「すべての指導はフランチャイズがやってくれる」と考える方が多いのですが、**指導が行き届いているところもあれば、行き届いていないところもあります**から、結局、最後は自分の才覚です。

思い立ったら吉日、という言葉もありますが、こと**ビジネスにおいては、慎重な計画が必要**なわけです。私の知り合いの税理士がこんなことを言っていました。「**潰すために始める人があまりにも多い**」

それくらい、駄目になる人が多いわけです。どうすればうまくいくのか、このような状況に陥ったらどうするかを想定せずに、なんとなく始める方があまりにも多いわけです。うまくいかなかったらどうしよう、と考えすぎていつまでもスタートを切らないのもどうかと思いますが、ある程度の計画性は必要といったところでしょうか。

当初資金の不足

無計画と同義になってしまいますが、当初資金が少ないというのも失敗の大きな原因です。十分な資金で始める人はほとんどいませんが、Aさんの場合、**自分の生活資金の余裕すらなかった**わけです。

ビジネスは、好転しだすのにそれなりの時間がかかります。早くて数カ月、遅ければ数年かかってしまうものです。ですから、経営者は少なくとも**数カ月分の自分の食いぶちは確保しておくべき**です。人間腹が減るとなんにもできないものです。できれば最低限の収入を確保するなどの知恵も必要だと思います。そういった意味では、初めはサラリーマンをしながら週末起業をしてみて様子をみるということも大切です。

また、Aさんは当初資金が少ないことから、年利一二％もの**高金利で事業用資金を調達**しました。年利一二％でお金を借りるということは、それ以上の利益を計上しなければならないということにほかなりません。五〇〇万円のお金を年利一二％で借りるということは、ざっくりとした計算で年六〇万円以上の利益を計上しなければならないわけです。それも自分の生活費を差し引いた金額です。そんな利益を計上できるわけもないのに、切羽詰まると人間は高金利でも飛びついてしまいます。

困窮するAさんに、ある人が年利二〇％でよければ貸してあげるよと言ったら、Aさんは飛びついてしまいます。さらに切羽詰まれば、年利四〇％といっても飛びつくんですね。初めに金利二〇％とか四〇％と言われたら「ふざけるな！　そんな高金利で借りるわけないだろう!!」と怒声をあげますが、不思議なことに初めは低金利でお金を借りて切羽詰まるとだんだん一％ずつ金利が上がっても無感覚で、金利四〇％くらいで借りてもなんとかなると思ってしまうのですね。これは「**金利のゆでガエル**」と表現されます。

「金利のゆでガエル」という言葉はよく覚えておきましょう。「**ゆでガエル**」は「**茹で蛙**」です。カエルは熱いお湯に入れると、すぐに飛び出すそうです。ところが水の中に入れ、徐々に温めていくと水、いやお湯から飛び出ることはなく、**茹で死んでしまう**んだそうです。徐々に徐々に温かくなる場合はなんとも思わず、気がついたら熱くて死んでしまっているわけですね。

金利も一緒です。年利四〇％という高温に人間を入れるとすぐに逃げますが、一％⇓二％⇓四％⇓八％⇓一六％⇓……という感じで徐々に徐々に上げていかれると、切羽詰まっている人はなんとかなるだろうという気持ちで借りてしまい、気がつけばどうしようもない状態に陥っているわけですね。老婆心ながら、自分がそういう状態になっていると気づいたらすぐに税理士・弁護士などの専門家に相談し、対応を考えるべきです。**傷は浅ければすぐ治りますが、深い傷は致命傷**になりますので。

資金計画の立て方の基本〜ラーメン大好き小池さん!

では、どうすれば倒産しない資金計画を立てることができるのでしょうか。

ここでは、資金計画の立て方の基本について考えてみたいと思います。資金計画をきちんと立ててみて、うまくいかないと思ったらどこをどうすればうまくいくようになるのかを考えてみましょう。どう考えてもうまくいかないようであれば、**そもそものビジネスは初めから破綻**しています。時間をおいて再度ビジネス自体を考え直したほうがよいでしょう。なお、資金計画を考えるとき、一円単位まで正確に考えようと思う方が多いのですが、あまり細かいことは考える必要はなく、しっかりと**大筋を理解**しましょう。

資金計画策定基本フォーム

		金額	計算過程
売上高			
変動費	材料費		
粗利			
固定費	地　代		
	人件費		
	広告費		
	光熱費		
	その他		
	小計		
税引前利益			
税金			
生活費			

ランニング編 〜いくら売ればいいかを考えてみる

資金計画のセオリーとはちょっと違うかもしれませんが、超現実的な話を考えてみましょう。次の手順で思考してみてください。

ここでは、「ラーメン小池」の小池さんの初期計画もあわせて考えてみましょう。上の表を参考にして思考方法を整理していきましょう。上の表は毎月の収支計算です。

必要生活費を考える

まず、生活費がいくらかかるか考えてみましょう。「ラーメン小池」の小池さんは

●必要生活費を考える●

		金額	計算過程
売上高			
変動費	材料費		
粗利			
固定費	地　代		
	人件費		
	広告費		
	光熱費		
	その他		
	小計		
税引前利益			
税金			
生活費		35万円	自分で考える

自分の必要生活費は三五万円と考えました。

●税金を考える●

法人で経営するにしろ、個人事業主で考えるにしろ、税金は税引前利益（すべての収入－すべての費用）の三〇％とざっくりと考えてみましょう。これ以上かかることはほとんどないはずです。

税引前利益の三〇％が税金ということは、税引前利益の七〇％が税引後の利益です。この税引後の利益が生活費になります。

●固定費を考える●

次に固定費を考えてみます。**固定費とは、売上と関係なしにかかってしまう経費**をい

税金を考える

		金額	計算過程
売上高			
変動費	材料費		
粗利			
固定費	地　代		
	人件費		
	広告費		
	光熱費		
	その他		
	小計		
税引前利益		50万円	生活費÷70%
税金		15万円	税引前利益×30%
生活費		35万円	

います。なお、売上と関係する経費は、変動費といいます。**固定費と変動費の理解はとても大切**ですので、しっかり押さえてください。「ラーメン小池」の固定費は、地代、人件費、広告費、光熱費、その他です。

地代は希望する出店場所をくまなく歩き、希望の大きさがだいたいいくらくらいか調査してみましょう。小池さんの希望物件は一五万円でした。

次に人件費です。ビジネスを立ち上げたばかりのときは当然、自分も動かなければいけません。「ラーメン小池」は、ランチ時は奥さんに手伝ってもらい、夕方以降は学生アルバイトに手伝ってもらうことにしました。申し訳ないけれども奥さんの給料

●固定費を考える●

		金額	計算過程
売上高			
変動費	材料費		
粗利			
固定費	地　代	15万円	
	人件費	20万円	
	広告費	5万円	
	光熱費	5万円	
	その他	5万円	
	小計	50万円	
税引前利益		50万円	
税金		15万円	
生活費		35万円	

はゼロ、学生アルバイトさんには全員で合計二〇万円くらいと計算しました。（当たり前ですが、「時給×人数×労働時間」で算出します。通勤交通費も意外とかかるので考慮に入れましょう。）

広告費は、毎月フリーペーパーに広告を出すことにしましたので五万円かかります。水道光熱費も五万円、その他の雑費も余裕をみて五万円を計上しました。これで固定費の合計金額が五〇万円と見積もられました。

粗利はいくら必要か

粗利は、売上総利益ともいいます。粗利は、売上から売上原価を引いたものです。

粗利はいくら必要か

		金額	計算過程
売上高			
変動費	材料費		
粗利		100万円	税引前利益＋固定費
固定費	地　代	15万円	
	人件費	20万円	
	広告費	5万円	
	光熱費	5万円	
	その他	5万円	
	小計	50万円	
税引前利益		50万円	
税金		15万円	
生活費		35万円	

売上原価は売上と連動する費用で、これを変動費ともいいます。

粗利の算出方法は、売上高から売上原価（変動費）を控除して算出されます。ここでは逆算で、税引前利益五〇万円に固定費を足して計算してみましょう。

変動比率を考える

次に変動比率を考えてみます。変動比率（ここでは原価率とも同義）は**売上に対する材料費の割合で計算**できます。小池さんはラーメン店勤務ですから、だいたいの変動比率は把握しています。ここでは二〇％を用います。

●売上がいくら必要か●

		金額	計算過程
売上高		125万円	粗利÷80%
変動費	材料費	25万円	売上高×20%
粗利		100万円	
固定費	地　代	15万円	
	人件費	20万円	
	広告費	5 万円	
	光熱費	5 万円	
	その他	5 万円	
	小計	50万円	
税引前利益		50万円	
税金		15万円	
生活費		35万円	

売上がいくら必要か

粗利が一〇〇万円必要なのはすでに計算したとおりです。では、この粗利一〇〇万円を確保するためにはいくらの売上が必要なのでしょうか。この計算は難しくはありません。粗利は売上から変動費を差し引いたものです。**変動費は売上の二〇%ですから粗利は売上の八〇%**です。ですから、**粗利を八〇%で割り返すと必要売上高が算出できる**わけです。

粗利一〇〇万円を八〇%で割り返すと一二五万円です。よって必要売上高は一二五万円と計算されました。

ラーメンを何杯売ればいいのか

毎月必要な売上高はわかりました。では、その売上を確保するためにはどれくらいのラーメンを売ればよいのでしょうか。

「ラーメン小池」の客単価はだいたい一、〇〇〇円を想定しています。これは小池さんが現在勤めている店の客単価と同じです。月間一二五万円の売上を確保するには、「一二五万円÷客単価一、〇〇〇円」で延べ一、二五〇人の来客が必要です。そして、小池さんは長期間安定した営業をするために、毎週木曜日はきっちり休もうと考えています。よって、毎月の営業日数はだいたい二五日くらいです。

となると、**一営業日あたりの来客数は「一、二五〇杯÷営業日数二五日」で一日五〇人の来客が必要**という計算になりました。「ラーメン小池」は全部で一五席です。ランチで二回転、夜で三回転すれば最大一日七五人（ランチ一五席×二回転＋夜一五席×三回転）の集客は見込めそうですから、一日五〇人の来客は難しい話ではないと判断しました。

そして小池さんは、この日から一週間、昼の時間帯と夜の時間帯の**出店予定地の前の人通りを調べました**。また、近隣の飲食店の客の入りも調査しました。昼の人通りはかなり多く、夜の人通りは六時くらいから一一時くらいにかけて間断なくある感じです。これならば一日五〇人はいけそうです。また、近隣の飲食店を調査したところ、一一時を過ぎるとほとんど人がいなくなることに注目しました。そこで「ラーメン小池」の営業時間は、昼の一一時半から夜の一一時まで、午後二時から午後五時の間は休憩時間とすることにしました。

初期費用編～借金は可能なかぎり減らす

毎月のランニングについては把握できました。では、初期費用はどのように考えればよいでしょうか。初期費用のポイントは以下のとおりです。

① こだわりにメリハリをつける

特に飲食店や美容（美容院やエステなど）は内装にいくらでもお金をかけることができます。

ビジネスを始める時は気が大きくなりがちです。初めは五〇〇万円で抑制しようとしていても、「ここをこうすると、もっと格好良くなりますよ。ただし、五万円アップになってしまいますが」とか、「このランクのものをご購入なさるんだったら、もう一ランク上のものを買うといいですよ。こういう機能が付加されます。ただし一〇万円アップになりますが」といった提案をされると、それに応じてしまうことが多いです。

不思議なもので、大きな買い物をするときは一万円、二万円といった単位を小さい単位だと考えてしまい、どんどん予算が膨らんでいきます。そのくせ、アルバイトの人件費は八四〇円にしようか八五〇円にしようかと一〇円の差に悩むわけです。

人間は大きな買い物をするとき気が大きくなり、どんどん金額をかさ上げします。せっかく一〇〇万円払うんだからあと一〇万円払って、もうちょっと立派なものにしようと考えてしまうわけですね。でもちょっと待ってください。本当にその機能は必要ですか？本当にそこにお金をかける必要がありますか？　ちょっと立ち止まって考えてください。**一万円稼ぐのは大変**ですよ。でも、一万円の支出はちょっと我慢すれば抑制できるのです。

②　借金はできるだけ抑制する

究極的にはこれです。借金は少ないにこしたことがありません。

よく、レバレッジが利くから借金はしたほうがよいといわれることがあります。レバレッジとは、てこのことで、例えば、自己資金が一〇〇〇万円しかなくても二〇〇〇万円の借入をすれば総資金は三〇〇〇万円になるから自己資金の時と比べて三倍の規模のビジネスができるようになるという理屈です。まあ、確かにそうかもしれませんが、借りた金は返さなくてはならないのです。特に初めてのビジネスの時はうまくいくかどうかなど判定材料がないのですから、**リスクは最小化しておく必要がある**わけです。

前にも書きましたが、**ビジネスを成功させるコツはまず潰さない**こと。潰さないためには固定支出を減らすこと、固定支出を減らすためには借入を抑制することという論法になります。

それでは、ここで「ラーメン小池」の初期投資について考えてみましょう。

まず、小池さんは「開業まで」にいくらくらいのお金がかかるかを計算してみることにしました。

初期投資を考えるとき、開業までにかかる経費を含めて考えることがとても重要です。

この金額を考慮せず、開業する時にすでに資金が苦しくなるという方がとても多いわけです。**開業時にすでに資金が苦しいということは開業と同時に資金繰りに走る**ということになりますから、事業の先行きは暗いです。開業時は営業に走り回る重要な期間なのに、それを資金繰りに回すということはその先もずっとそうなんだろうなという暗示になってしまいます。

ですから、**開業に至る（売上が計上されるようになる）までの運転資金も初期費用に組み込んで考えてみましょう**。

さらに、小池さんの手堅いのは**軌道に乗るまでの生活費一八〇万円をストック**したところです。初期費用じゃないじゃん！　と言われてしまうとそれまでなのですが、小池さんは安定した顧客がつくまで長くて六カ月程度かかってしまうと想像しています。開業後の時期は肉体的にも精神的にも経済的にも辛くなると先輩から聞いているので、そう覚悟しているし、それならば少なくとも**経済的な圧迫だけは回避したい**との思いからあえて一八〇万円は生活資金のために取っておこうと考えたわけです。

結局、この一八〇万円のストックが小池さんに精神的なゆとりを与え、繁盛につながったのはとても注目すべきところです。

次に、各論を見ていきましょう。

●初期費用の計算●

	項目	金額	計算過程
初期費用	保証金・敷金	150万円	家賃の10カ月分
	仲介手数料	15万円	家賃の１カ月分
	前家賃	15万円	家賃の１カ月分
	内装等工事	240万円	居抜き物件獲得！
	備品類	80万円	中古品をしっかりそろえた！
	名刺類	５万円	ショップカードと自分の名刺
	案内状	10万円	開業ご挨拶印刷代
	広告宣伝・チラシ作成	20万円	
	ウェブサイト	30万円	ブログ形式のサイトを整えた
	初期仕入	30万円	初めの食材。ビールなんかも
	小計	595万円	
開業までにかかる経費	人件費	15万円	開店前１カ月の研修などで
	家賃	15万円	開店前１カ月の準備期間
	軌道に乗るまでの生活費	180万円	生活費30万円×６カ月分
	その他	15万円	予備費
	小計	225万円	
合計		820万円	初期費用＋開業までにかかる経費
自己資金		360万円	６年間の準備期間に貯めたお金
不足金額①		460万円	合計－自己資金
出資	父親	100万円	父親からの出資金
不足金額②		360万円	不足金額①－出資（父）
借入	親類	０万円	
	友人知人	０万円	
	日本政策金融公庫	360万円	残額を借入

☆ここがポイント（人件費・家賃）

とても大事!!（軌道に乗るまでの生活費）

保証金・敷金、仲介手数料、前家賃

保証金は家賃の一〇カ月分と高めでした。不動産屋さんと交渉してみましたが、小池さんが初めての商売（**信用がないということ**）であるということでおまけしてもらえませんでした。仲介手数料、前家賃も初めに払いますのでけっこうな出費です。

内装工事

飲食店、美容業で油断していると、あっという間に高額になるのが内装工事です。こだわってこだわってかなり高額になり、それだけ借金が膨らんで返しきれなくなり倒産するというパターンが多いわけです。小池さんもラーメン店に勤務していた経験上、よくそれをわかっています。

小池さんは**粘り強く居抜き物件を探して**いました。居抜き物件とは、前のオーナーが廃業したときの廃業物件です。特にラーメン屋などの飲食業は、思いつきで開業する人が多いことと資金計画をしっかり立てていない人が多いので、開店即廃業ということも多いのです。粘り強く居抜き物件を探すと、けっこう出てくるものです。最近は居抜き物件を専門に扱っているサイトもあるので、ぜひとも検索してみてください。

メリットはしっかりしたものが安価で手に入ること、デメリットは自分の開業したい時期、開業したい場所に居抜き物件がない可能性があること、自分の思いどおりの内装になっていないことがあげられますが、そのデメリットを補って余りある魅力があるわけです。イメージとしては、八〇〇万円かかった内装が三〇〇万円程度で出ていることも多いと聞きます。

居抜き物件が出てきた場合、内装部分は前の持ち主から購入し、賃貸人に保証金を払い、家賃を払う形になります。なお、小池さんは居抜き物件を探し当てることができましたのでとてもラッキーでした。

備品類

備品類についても、こだわるとどこまでも高騰します。

お客さんに使うもの、お客さんに見えるものは新品でもよいとは思いますが、お客さんに見えないものについては**積極的に中古品を活用する**とよいでしょう。特に事務系のビジネスを始めるときは、机から複合機まで中古品でなら安価でそろえることが可能となります。きれいで使い勝手もいいです。小池さんも冷蔵庫などは中古品を調達しました。

案内状、広告宣伝・チラシ作成、ウェブサイト

これはすべて広告宣伝系の支出です。

広告宣伝系の支出はとても難しいです。広告宣伝はきちんとした研究が必要です。ただばらまいただけではいけませんし、**広告したあとにどれくらいの効果があったかの効果測定も必要**です。

例えば、チラシを出したら、「このチラシをお持ちの方には一〇〇円引き」みたいなことをして、チラシを回収します。そのチラシがどこで配布されたものなのかを丹念にデータ化し、効果の高い広告宣伝がどれなのかを調べ上げてください。

小池さんはブログを上手に活用したウェブサイトを構築し、開店を思い立った時からの模様や思いを書き記し、開店前から広告宣伝をする手法を思い付きました。

初期仕入

ビールや食材などの初期仕入です。

次に、開業までの費用について考えてみましょう。小池さんは、店を借りてからオープンまでにかかる支出もきちんと計算しました。一カ月かけてスープの最終調整、メニューの確立、アルバイトさんへの教育に十分時間をかけました。アルバイトさんへ教育しながら接客マニュアルも作りました。この接客マニュアルは、バイトさんを新しく雇うときに大きな効果を発揮することになります。また、前述しましたが、小池さんの**最大の功績は軌道に乗るまでの生活費一八〇万円のストックを考えたこと**でしょう。何事も余裕が大切なわけです。

ここまでの支出で八二〇万円が必要であると小池さんは考えました。前述したとおり、小池さんの自己資金は三六〇万円、父親から一〇〇万円の出資を受けていますから、あと三六〇万円足りません。

資金が不足しているときは、親類縁者、友人・知人から借りることができるならばそれが一番よいと思います。ただし、**きちんと返せるならば**、が前提になってしまいます。特に友人から借りた場合、きちんと返せればいいのですが返せなかった場合には友情にもひ

毎月の収支決算

		変更前	変更後
売上高		125万円	138万円
変動費	材料費	25万円	28万円
粗利		100万円	110万円
固定費	地代	15万円	15万円
	人件費	20万円	20万円
	広告費	5万円	5万円
	光熱費	5万円	5万円
	支払利息	―	1万円
	その他	5万円	5万円
	小計	50万円	51万円
税引前利益		50万円	59万円
税金		15万円	18万円
税引後利益		35万円	41万円
借入返済		―	6万円
生活費		35万円	35万円

びが入ってしまいます。

小池さんは、お金のことで親類にも知人にも迷惑はかけたくないと思っていますから、日本政策金融公庫（二〇〇八年九月三〇日までは国民生活金融公庫という名称です）から借りることにしました。日本政策金融公庫からの借り方については後述します。

日本政策金融公庫に資金計画を持って行き事業計画を説明したところ、三六〇万円の借入が認められました。借入条件は年利三%、返済は六〇回払いです。


小池さんは借入成功を受け、ランニングの資金計画書の書き換えを行いました。利息の金額と元本返済を書き加えたのです（前ページ表）。

注目していただきたいのは、**売上の必要金額が一三万円増加した**ことです。変更前の支出と変更後の支出は、借入返済の金額六万円（借入三六〇万円÷六〇回）と支払利息一万円の計七万円です。ところが増加した必要売上は一三万円なのです。客単価は一、〇〇〇円でしたから、延べ一三〇人の客数アップが必要となります。二五日営業なら一日五・二人増加です。小池さんはこれくらいなら問題ないと判断しました。いよいよ「ラーメン小池」のオープンです。

●ラーメン小池の収支状況●　（単位：万円）

		1カ月目	2カ月目	3カ月目	4カ月目	5カ月目	6カ月目
売上高		75	83	92	110	128	137
変動費	材料費	△15	△17	△18	△22	△26	△27
粗利		60	67	74	88	102	109
固定費	地代	△15	△15	△15	△15	△15	△15
	人件費	△20	△20	△20	△20	△20	△20
	広告費	△5	△5	△5	△5	△5	△5
	光熱費	△5	△5	△5	△5	△5	△5
	支払利息	△1	△1	△1	△1	△1	△1
	その他	△5	△5	△5	△5	△5	△5
	小計	△51	△51	△51	△51	△51	△51
税引前利益		9	16	23	37	51	59
税金		△3	△5	△7	△11	△15	△18
税引後利益		6	11	16	26	36	41
借入返済		△6	△6	△6	△6	△6	△6
生活費に回せる金額		0	5	10	20	30	35

「ラーメン小池」のスタート六カ月は前ページの表のとおりです。

生活費に回せる金額に注目してください。小池さんの生活費は毎月三五万円必要でしたが、三五万円を確保できるようになったのは六カ月目でした。しかしながら、**小池さんは預金を一八〇万円ストックしていましたから慌てることなく、六カ月目を迎えることができました**。すばらしい！

（注）話をシンプルにするために次の事項を簡略化しています。
○ 減価償却費を考慮していません。
○ 一カ月目から税金分を考慮していますが、開業前の費用がけっこうありますから、当初六カ月くらいは税金が発生することはないと思います。
あまり細かく考えすぎても論点がぼけますので、これくらいの感覚を持っておいてください。

資金調達の基本

資金計画の立て方をご理解いただけたあとは、資金調達の基本について説明しましょう。資金の調達には様々な方法がありますが、開業時に現実的にとることができる方法に焦点を当てて解説しましょう。

起業時の資金調達の種類と方法

起業時の資金調達は、①自己資金、②他人からの出資、③借入、④助成金の活用に絞られてくるでしょう。

①　自己資金

自己資金がいくらあるかはかなり重要です。すでに書いたことですが、**自己資金が少ない＝無計画**であるということになります。また、自己資金は使い果たしてもダメージはないものです（もちろん悔しいでしょうが）。もし事業に失敗しても、借金がなければ立ち直りは早いものです。事業を思い立ったら、毎月一万円でもよいですから自動振替で積立てを始めましょう。

② 他人からの出資

事業立ち上げの時においては、他人からの出資はありがたいものです。ただし、壮大な計画でないかぎり、初めは避けたほうがよいでしょう。他人からの出資を仰ぐにしても、身内だけのほうがよいと思います。

ビジネスの初期は資金が脆弱《ぜいじゃく》です。他人からの資本を入れてしまうと、すぐに総資本の数十パーセントが他人からの出資になってしまいます。こうなってしまうと、後々物言う株主になってくる可能性が高く、面倒な場合がほとんどです。今度作る会社が二社目、三社目で、すでに社長業を経験したことがあるならば他人資本を活用してもよいと思いますが、初めての会社（いわば経営者初心者）であるならばなるべく避けましょう。

事業を進めてそれでも出資してくれる人が現れたら、税理士などの専門家と相談して資本政策の計画を立て、**自分の権利をしっかりと守れるように**しましょう。また、初期段階において出資をしてくれる人に対しては丁重にお礼をいい、初期段階では出資ではなく、借入にしてもらうようにしましょう。

③　借　入

自己資金が足りなければ、借入を行うしかありません。ただし、**借金は借金**です。当たり前の言葉にみえるかも知れませんが、けっこう深い言葉です。借入については、後でじっくりと説明することにしましょう。

④　助成金

助成金というありがたい制度があります。助成金とは、一定の条件を満たす場合、国などの公共機関が皆さんにお金をくれる制度です。人を雇うときなどに貰える場合がありま す。助成金の獲得を狙う場合、事前の十分な準備が必要です。初めから専門家（社会保険労務士である場合が多い）と綿密に相談し、受給に備えましょう。

ただし、**助成金の獲得は失敗することがかなり多い**です。当てにはしないで、貰えたらラッキー、くらいに考えたほうがよいでしょう。

ここでは、借金時の心構えについて考えてみましょう。初めてビジネスをやる人は、ビジネス用でお金を借りることは初めてでしょう。そこで、よくある借入時の失敗について説明します。

○いくら借りられるかではなく、いくらなら返せるか

どんな本を見ても書いてあることです。ビジネス本でなくても、例えば住宅ローンの資料を読んだってこんなことは書いてあります。しかしながら、借金をするときは借金をたくさんすることが目的となってしまい、一円でも多く借りようと考えてしまう方がとても多いです。当たり前ですが、借金は返さなくてはなりません。

資金計画をしっかりと立てて、いくら返せるのかを考えましょう。（前述の小池さんの話を参照してください。）

○金利は〇・一％でも低く

意外とないのが、金利の感覚です。前述のように、借金をするときは借金をたくさんすることが目的となってしまう場合が多いので、金利は見ない人さえいます。例え話で考え

てみましょう。

借入期間五年、元金均等返済の場合、金利が一％異なると五年間の支払利息合計は元本に対し約二・五％増加します。つまり、一、〇〇〇万円借りた場合、二五万円増加するわけですね。「なんだ。二五万円くらいか」と思った方は要注意です。あなたの財布から二五万円、今すぐ私に下さい。財布に入っていない場合、銀行から下ろしてきてもけっこうです。

どうですか？「ふざけるな！」と思った方が多いでしょう。私が二五万円くれと言ったら嫌だと思うのに、金利を一％高く払う二五万円は別にいいやと思うこの不思議な感覚。これは**経営初心者特有の感覚**です。ベテラン経営者になればなるほど、〇・一％を値切ります。当たり前ですね。経費を削減するということは、売上を伸ばすのと同義ですので…。

○　借りた金は借りた金

こんな人がいます。

「今日、おごりますから飲みに行きませんか？　たまにはパーッといきましょうよ！」

「それは嬉しいですけど、どうしたんですか？　何かお祝い事でも？」

「何言っているんですか、この間、銀行に借入の申込みをしたじゃないですか。その借入が今日実行されて、**五〇〇万円通帳に入ってきたんですよ！**」

お金を貰ったと思ってしまうのですね。確かに手許にいきなり五〇〇万円ものお金が振り込まれたら嬉しいもので、舞い上がるのもわかります。しかし、**借りた金は借りた金で、返さなければいけないもの**です。お金を借りたらそのお金を元手にし、一円でも増やす努力をして、その成果から金を返すのが本道です。飲んでしまったら何も残りません。モチベーションを上げるために飲むという方もいらっしゃいますが、飲むお金は死に銭になる場合が多いです。**金を借りたら人の財布を預かったと思って、大事に大事に使ってください。**

創業時の借入

創業時の借金は、現実的には親類、友人・知人からの借金と日本政策金融公庫（二〇〇八年九月までは国民生活金融公庫）からの借金に限られてくるように思います。

都市銀行、地方銀行、信用金庫などはけっこう厳しく、ベンチャーキャピタルはよほどの手練《てだ》れというか、実績のある人が経営する会社でなければ話も聞いてくれません。

よって、ここでは日本政策金融公庫での創業時の借入について焦点を絞って考えてみることにしましょう。

親類や友人・知人からの借金については説明は難しいので（というか、その対象の人の身近にいる皆さんの方がよくわかっている）、自分で考えてみてください。

①　日本政策金融公庫・新創業融資制度を活用する

日本政策金融公庫には、新創業融資制度という**無担保・連帯保証人無し**で一、〇〇〇万円までの借入が可能な制度があります。ただし、基準利率（二〇〇八年七月現在二・五五％）に一・二％の特別金利が加算されます。返済期間は、運転資金は五年以内、設備資金は七年以内となっています。なお、設備資金は固定資産などを購入する費用を指し、運転資金は設備資金以外（例えば仕入代金）と考えていただければよいと思います。

「無担保・連帯保証人無し」というのはすごい制度です。皆さんが人にお金を貸すことを考えてください。見ず知らずの人に「無担保・連帯保証人無し」でお金を貸すことなど考えられることではないと思います。さすがは政府系金融機関とでもいうべきでしょうか。

通常の借入は、不動産を担保として差し入れます。しかも担保に入れるときに登記をしなければいけないので、その分の登記料がかかります。担保に入れる不動産がない人は、頭を下げて連帯保証人を探すわけです。この連帯保証人は身内ではだめだと言われることが多く、友人・知人に頭を下げてお願いすることすらあります。

ところが、この制度は「無担保・連帯保証人無し」という、ありえないプランです。まさに、政府が用意したインキュベーションプランといったところじゃないでしょうか。

さて、この新創業融資制度は誰でも融資が受けられるわけではなく、条件があります。次のように要約されます。

一　創業の要件
新たに事業を始める方、または事業開始後税務申告を二期終えていない方
二　雇用創出、経済活性化、勤務経験または修得技能の要件
次のいずれかに該当する方
(一)雇用の創出を伴う事業を始める方
(二)技術やサービス等に工夫を加え多様なニーズに対応する事業を始める方
(三)現在お勤めの企業と同じ業種の事業を始める方で、次のいずれかに該当する方
(ア)現在の企業に継続して三年以上お勤めの方
(イ)現在の企業と同じ業種に通算して三年以上お勤めの方

(四) 大学等で修得した技能等と密接に関連した職種に継続して二年以上お勤めの方で、その職種と密接に関連した業種の事業を始める方
(五) 既に事業を始めている場合は、事業開始時に（一）〜（四）のいずれかに該当した方
三　自己資金の要件
　事業開始前、または事業開始後で税務申告を終えていない場合は、創業資金の三分の一以上の自己資金（注）を確認できる方
(注) 事業に使用される予定のない資金は、本要件における自己資金には含みません。

一の条件については、創業時であれば問題ありません。

二の条件はなにやら難しそうな内容ですが、経験上、(二)の条件にだいたい該当しますので、あまり気にする必要性はないでしょう。

三の条件は、例えば**ビジネスを始めるのに一、二〇〇万円必要な場合、その三分の一、つまり四〇〇万円を用意する必要がある**ということです。自己資金の証明方法については、通帳のコピーを提出する方法がとられます。

私の経験上、最も問題になるのが**三の自己資金三分の一要件**です。よくある相談が、

「三分の一の自己資金が用意できません。親に四〇〇万円を借りて、振り込んでもらうことにしました。すぐに親には返しますが、見せ金にします」というものです。四〇〇万円が振り込まれた通帳を勇んで日本政策金融公庫に持って行くのですが、だいたい「これは自己資金とは言えません。今まで貯めてきたものではなくご両親から借り入れたものと判断させていただきます」となることが多いわけです。単に三分の一の金額が通帳にあればよいというわけではなく、今までに貯めたものがなければまずいということです。見せ金は見破られるわけです。

この制度にかかわらず、どうすれば貸してもらえるかと相談されますが、信用されれば貸してもらうことはできます。では、どうすれば信用されるのかということですが、自分が貸す立場になってみればよいと思います。明らかに嘘をついている（または嘘をついているっぽい）人に貸したいと思いますか、ということにほかなりません。人間が判断することですから、**正直であることが最低限必要です。**

② 日本政策金融公庫・新規開業資金（新企業育成貸付）を活用する

これも日本政策金融公庫が用意する商品です。先ほどの新創業融資制度とは異なり、担保か保証人が必要ですが、七、二〇〇万円以内（うち運転資金四、八〇〇万円以内）の借入枠が魅力です。要件は次のいずれかに該当する方です。

一　現在お勤めの企業と同じ業種の事業を始める方で、次のいずれかに該当する方
（一）現在お勤めの企業に継続して六年以上（平成二一年三月三一日までは三年以上）お勤めの方
（二）現在お勤めの企業と同じ業種に通算して六年以上（平成二一年三月三一日までは三年以上）お勤めの方
二　大学等で修得した技能等と密接に関連した職種に継続して二年以上お勤めの方で、その職種と密接に関連した業種の事業を始める方
三　技術やサービス等に工夫を加え多様なニーズに対応する事業を始める方
四　雇用の創出を伴う事業を始める方
五　一～四のいずれかを満たして事業を始めた方で事業開始後おおむね五年以内の方

新創業融資制度と異なり自己資金規制がありませんから、理屈上は自己資金ゼロで全額借入をすることも可能は可能です。これは連帯保証人か担保が必要という要件があるからかもしれませんが。

③ その他の借入策

そのほかには日本政策金融公庫が用意する商品として、「女性、若者／シニア起業家資金（新企業育成貸付）」などがあります。また、日本政策金融公庫ではありませんが、皆さんがお住まいの地方公共団体（都道府県・市区町村）に創業支援の融資制度などがあるかどうかは問い合わせてみるとよいでしょう。（ただし、ハードルは高いです。）

キャッシュ・フロー経営の思考を身に付けよう！

ビジネスのみならず、一般生活でも**お金の流れを把握することはとても大事**です。お金の流れのことを最近ではキャッシュ・フローということが多いですが、ここでは、お金の流れに注目したキャッシュ・フロー経営の思考の基本を身に付けましょう。

会社（ビジネス）にとってお金とは

会社（ビジネス）にとってのお金は**人間にとっての血液と同じ**です。血液が流れなければ人間は死んでしまいます。会社（ビジネス）は金が尽きた時が死ぬ時なのです。したがって、お金の流れには本当に注意する必要があります。

キャッシュ・フローの良いビジネス・悪いビジネス

まず初めに覚えておいていただきたいのは、**キャッシュ・フローの良いビジネスと悪いビジネスがある**ということです。これからビジネスを始めるのであれば、**キャッシュ・フローの良いビジネスを始める必要**がありますし、キャッシュ・フローの悪いビジネスを始めるのであるならば、少しでもキャッシュ・フローを良くするためにどうすればよいのかを考える必要があるわけです。

また、「勘定合って銭足らず」という言葉も同時に覚えていただきたいと思います。**「勘定合って銭足らず」とは、「利益が上がっているのにお金がない状態」**を指し、最悪の場合、黒字倒産（利益は出ているのにお金がないために倒産してしまうこと）に行き着きます。黒字倒産に行き着いてしまう原因には、キャッシュ・フローの構造と利益計算構造を理解していないことがあげられます。

ここにいうキャッシュ・フローの良いビジネスとは、利益も上がり現金も増える状態を指し、キャッシュ・フローの悪いビジネスとは、利益は上がるけれども現金は増えないビジネスを指しています。

利益計算入門

本題に入る前にちょっと基礎知識を。利益計算とはなんでしょうか。利益計算とは、どれだけ儲かったのかを計算するのですが、**金銭の増減に基づき計算されるわけではありません。**金銭の増減は収支計算とよばれ、利益計算と区別しなければなりません。

例題です。

田中さんは、今年の一二月に個人事業主としてセミナー業を始めました。幸先の良いことに社内研修のセミナーを頼まれました。三日間のセミナーで報酬は一〇〇万円！二〇〇時間もの莫大な時間をかけ、良い紙で製本し（これに四〇万円かかった。現金払い）、立派なレジュメを完成し、セミナーを一二月下旬に実施しました。アンケートも好評で、クライアントも満足してくれました。ところが、**報酬の一〇〇万円は六カ月後に支払う**と言われてしまいました。

さて、田中さんの今年の利益計算と収支計算をしてみましょう。田中さんは一二月に個人事業主としてビジネスを始めました。個人事業主の決算は一二月と決められていますから、始めて一カ月で早くも決算です。

利益計算：売上一〇〇万円－経費四〇万円＝利益六〇万円
収支計算：収入ゼロ－支出四〇万円＝収支尻△四〇万円

どうでしょうか。

利益は六〇万円計上されるのに資金は四〇万円不足することになります。この理由は簡単。田中さんのセミナーは一二月中に完了しているから、クライアントに対して一〇〇万円の請求権が確定します。利益計算上、請求権が確定したときに売上は計上されるのです。ところが、**実際の入金はクライアントとの駆け引きにより六月末**となってしまっています。

したがって、現金の入金は年内にはありませんでした。田中さんはセミナーのレジュメ材料や製本を四〇万円で外注し、しかも現金で支払ってしまいました。**入金がないのに出金が四〇万円ある状況**です。田中さんが仮にこの時の支払代金四〇万円を借り入れ、一月末日に返済する約束になっていたとすると、返済できないことになります。なぜなら、入金がないからです。田中さんは自分のお金を切り崩して返済すればよいのですが、自分のお金がない場合、返済は不可能、借入先が待ってくれない場合は田中さんは借入先から破産宣告を突きつけられ、破産してしまうことになります（かなり大げさですが）。

不幸に追い打ちをかけると、**税金は利益に対してかかります**。田中さんの今年の利益はあくまで六〇万円。仮に税率を三〇％だとすると、一八万円の税金がかかります。しかもこの納期限は三月一五日。またもや入金前の支払を余儀なくされるわけです。

この例は、利益計算と収支計算の違いを大げさに説明したものですので、大ざっぱな話になってしまっていますが、本質を突き詰めればこんな感じなのです。

ここで、田中さんの「勘定合って銭足らず」の原因をまとめてみましょう。

（売上編）

○ サービスの提供から入金まで六カ月も間が空いている。

（経費編）

○ 現金で支払ってしまっている。

ではどうすればよいかを考えてみましょう。

キャッシュ・フロー経営のイロハのイ

ここに書くのは当たり前の話です。当たり前すぎて、「そんなのわかっているよ！」という声も聞こえてきそうな感じですが、当たり前のことを当たり前にやるのが難しいところです。

「うちの業界は無理なんだよ」は禁句です。いつの時代も先駆者は業界の常識を破り、勝ち上がっていきました。業界の常識を追随する姿勢しかないのであれば、巨大資本に屈するしかありません。想像するに、皆さんは失礼ながらも零細資本でスタートするわけですから、**業界の常識を覆し好キャッシュ・フローを武器に勝ち上がるべき**なのです。次の三点をしっかり押さえておいてください。

① 入金は早めに
② 出金は遅めに
③ 在庫は少なめに

当たり前すぎます。

① 入金は早めに、ということを考えてみましょう。

入金が早めの商売の典型例は、サービスと引き換えに現金授受を行う**現金商売**（例えば飲食店や美容院）です。**もっと早いのが前受け商売**です。前受け商売とは、サービスの提供や商品の引き渡しの前にお金だけは受け取ってしまう商売です。典型例としては、ちょっと問題にはなったりもしていますが、英会話学校の一年分前払いのコースやマッサージ店の回数券販売がよい例です。あらゆる手段を想像して、可能なかぎり現金商売、もっと欲を言えば前受け商売の形態になるように心がけましょう。

② 出金は遅めに、ということを考えてみましょう。

これは、商品を仕入れる場合は絶対に現金では仕入れず、月末締めの翌々月一〇日払いなどの条件を獲得してください。月末締めの翌々月一〇日払いという条件を獲得できれば、例えば四月一日に一〇万円分仕入れたとしたら代金は六月一〇日に一〇万円を支払えばよいということです。これは、約七〇日支払を猶予されることになりますから、無金利で一〇万円を七〇日間借りるようなものです。

支払条件は、当初の交渉時に、たとえ一日でもよいから伸ばしてください。ただし、**支**

払条件を決めたら慇懃《いんぎん》にそれを守りましょう。信用の蓄積は**きちんと支払うことが最も重要です**。三年間一度も支払を遅らせたことがない上級顧客になれば、値引交渉にも応じてもらいやすくなりますし、支払条件の見直しにも応じてくれやすくなります。結局、ビジネスマンは約束どおりお金を払ってくれる人を信用するわけです。

③　在庫は少なめに、を考えてみましょう。

在庫をたくさん持たなければいけない商売は本当にきついです。私の知り合いがバーを開くときに、様々な種類の酒を一括して現金購入しました。その額なんと一、〇〇〇万円！　酒代ってこんなにかかるんだと思うと同時に、すごく複雑な気分になりました。そのバーは棚にあらゆるお酒を並べるスタイルなのですが、これって私から見れば**現金一、〇〇〇万円を棚に並べているようなもの**です。しかも、その酒が全部売れる（飲まれる）のは何年もかかる気がするし、例えば一本飲まれたとしたらそれを補充するのでしょうから、結局棚には一、〇〇〇万円を並べ続ける状態になるわけです。しかも悪いことにこの在庫一、〇〇〇万円を仕入れたお金は父親から借りたお金でした。一、〇〇〇万円の現金を借りて、その現金をお酒に変えた。お酒がまたお金に変わるのはかなりの時間がかかる。ところが借金は返さなくてはいけない。お金は入ってこないわけだから返しようもない。

まあ、貰ったようなものになるわけです。父親の金ですからまだ笑い話にもなるかもしれませんが、これが他人の金だったらと思うと、ぞっとします。「ごめんね。一、〇〇〇万円返せないからここにあるお酒全部持っていってよ。これで借金チャラね」という言葉を切り出すしかないでしょう。

運転資金とは

次に運転資金について考えましょう。**運転資金は少なければ少ないほど資金繰りが楽**になります。逆に、多ければ多いほど資金繰りは厳しいということです。運転資金は次の算式により計算されます。

売掛金＋在庫－買掛金

いくつか例を示しますと、例えば現金商売の代表例、飲食業の場合です。ここでは久々に小池さんに登場していただきましょう。

売掛金：「ラーメン小池」は、代金は全部現金でその場で貰います。なので売掛金はゼロです。なお、売掛金とは、サービスは提供した（商品は引き渡した）のに代金は貰っていないという状況です。いわゆる「つけ」ですね。

在　庫：「ラーメン小池」にも瓶ビール、食材など多少の在庫がありますが、一〇万円程度です。

買掛金：「ラーメン小池」は、食材を月末締めの翌月末払いにしています。なので毎月末には買掛金が一カ月分たまっている状態です。一カ月の仕入代金はだいたい六〇万円くらいです。

よって、「ラーメン小池」の運転資金は、**売掛金〇円＋在庫一〇万円－買掛金六〇万円＝△五〇万円で、五〇万円ほど余剰資金が出る**ことになります。イメージとして、掛けで仕入れた食材を加工（調理）して現金で売っているので、**その分だけお金が浮く計算**になるわけですね。現金商売が強いといわれるゆえんはここにあります。

次に、**最悪の商売形態である現金仕入の掛け販売**の例を見てみましょう。

中古オフィス家具を扱う中野商店は、移転するオフィスや廃業するオフィスから机などのオフィス家具を**現金で仕入れ**、それを店頭及びサイト上で展示し、企業に販売するビジネスです。販売条件は**月末締めの翌月末払い**です。

売掛金：中野商店の売上はだいたい月八〇〇万円です。今月に販売した分は翌月末に入金されますから、毎月末の売掛金は売上の一カ月分残ることになり八〇〇万円です。

在　庫：在庫がたくさんあり、店にはだいたい二、〇〇〇万円程度の在庫があります。

買掛金：全部現金仕入ですから買掛金はありません。

よって、中野商店の運転資金は、**売掛金八〇〇万円＋在庫二、〇〇〇万円－買掛金〇円＝二、八〇〇万円**です。別の言い方をすれば不足資金になります。この不足資金の分を自己資金で補えていればよいのですが、借入によって補っている場合、**売上が上がれば上がるほど売掛金が増え、運転資金がさらに増加しますので追加借入が必要**となります。追加借入が行えなければ資金が逼迫《ひっぱく》し、黒字倒産に陥ります。業績好調の罠になりますので、次に詳しく説明しましょう。

まとめです。

回収条件∨支払条件　余剰資金が生まれる
回収条件∧支払条件　資金が不足する

黒字倒産の罠（増加運転資金を考える）

会社の寿命は業績が不調な時に絶えてしまうのが最も多いのですが、逆に売上が伸びて資金繰りに失敗し倒産に陥ることもあります。**黒字倒産に陥らないためには増加運転資金の理解が必要**です。

オフィス向けにパソコン販売を行う、グッドＰＣ社とバッドＰＣ社の増加運転資金を考えてみましょう。

グッドＰＣもバッドＰＣも販売実績は毎月一、〇〇〇万円（仕入値は八〇〇万円）で同じだと仮定しましょう。両者とも受注販売（注文を受けてから商品を仕入れて販売すること）を行っていますから在庫はありませんが、販売条件と支払条件に大きな違いがあります。

グッドＰＣ　販売条件…月末締め翌月末払い
支払条件…月末締め翌々月末払い

●グッドPC（入金が先）●

	当月	翌月末	翌々月末
販売活動	販売	4,000万円入金	
仕入活動	仕入		3,200万円支払
資金の状況		＋4,000万円	△3,200万円

●バッドPC（出金が先）●

	当月	翌月末	翌々月末
販売活動	販売		4,000万円入金
仕入活動	仕入	3,200万円支払	
資金の状況		△3,200万円	＋4,000万円

バッドPC　販売条件…月末締め翌々月末払い
支払条件…月末締め翌月末払い

グッドPCは当月に販売したものは翌月末には回収していますから、売掛金は販売代金の一カ月分で一、〇〇〇万円、仕入については当月仕入れたものは翌々月末に払うことになりますから、買掛金は仕入代金の二カ月分が貯まることになり一、六〇〇万円（毎月八〇〇万円×二カ月分）で、運転資金は「売掛金一、〇〇〇万円－買掛金一、六〇〇万円＝△六〇〇万円」で**資金余剰の状態**です。

一方、バッドPCは当月に販売したものは翌々月末には回収していますから、売掛金は販売代金の二カ月分で二、〇〇〇万円、仕入については当月仕入れたものは翌月末に払うことになりますから、買掛金は仕入代金の一カ月分八〇〇万円で、運転資金は

「売掛金二、〇〇〇万円－買掛金八〇〇万円＝一、二〇〇万円」で一、二〇〇万円が**資金不足の状態**です。バッドＰＣは不足分をすべて借入でカバーしています。

ここで、グッドＰＣにもバッドＰＣにもなんと四、〇〇〇万円もの一括発注がきました。当然両者とも喜んでこの受注を受けます。両者とも在庫はありませんからすぐに仕入れて、納品を完了しました。さて、グッドＰＣとバッドＰＣはどうなったでしょうか。

グッドＰＣは翌月末に入金があるわけですから、そのお金をもって翌々月末の支払をしました。ところが、バッドＰＣは入金の前に支払がきてしまいますから、このお金を工面しなければなりません。入金の裏付けがあるから簡単に銀行から借りられると思ったのですが、うまくいきませんでした。バッドＰＣ社の社長は本業そっちのけで金策に東奔西走しましたが結局うまくいかず、**代金支払を一カ月延ばしてもらってなんとか決済**しましたが、信用を完全に失ってしまいました。仕入先から電話がかかってきて、大変申し訳ないですが、今後の取引は現金でお願いします、ということにもなってしまったわけです。

このように、**業績が伸びるとき運転資金が増加**します。**買掛金が増加する以上に売掛金が増加してしまう**からです。

したがって、業績が伸びるときは取引銀行をよく相談し、増加運転資金を借り入れる必要があります。バッドＰＣは、この作業を怠ったためうまく立ち回ることができなかったわけですね。グッドＰＣは、そもそも入金が必ず先にあるモデルを作り上げていたため、販売実績が伸びても特に窮することはないわけです。

まとめておきましょう。業績を順調に伸ばすコツは、

○　**運転資金が増加しないモデルを作り上げる。（入金が先に立つ仕組みを作る。）**

○　**運転資金が増加する場合、最初に銀行に相談しておき、めどが立ってから販売活動に移る。**

節税の常識

The knowledge of money that a manager should to have

ビジネスを運営し、利益が生じた場合には税金がかかります。

個人事業主には、所得税、住民税、事業税がかかり、法人には法人税、住民税、事業税がかかってきます。**経営者たるもの無駄な税金は払ってはいけません。**もちろん必要な分はきちんと払う必要がありますが、必要な分だけきっちりと支払えばよいのです。ここでは、最低限知るべき節税の常識について考えてみましょう。

節税の基本

一口に節税といっても、実は様々な種類があります。例示してみましょう。

まず、次の二つの分類を考えなければなりません。

① 資金流出のありなし

節税は基本的にお金を使う必要があります。単純に考えれば、何かの代金を払ったからその代金が経費となる ⇓ 利益が圧縮される ⇓ 節税になる、ということです。

なので、**基本的には、節税＝資金流出あり**という等式が成立するのですが、**資金流出がなくとも節税をする手法もあります**。資金流出がある節税については、後の資金繰りに影響を与えますので、実際に行うかどうかを慎重に検討する必要があります。

しかし、**資金流出のない節税については積極的に活用すべき**です。なお、節税したいばかりに訳のわからないものを購入しまくる方がたまにいらっしゃるのですが、将来の収益貢献に獲得しないようなものを購入するのはただの無駄遣いです。いわば**節税のためにもっと大きなお金を失っている**ことになるわけですね。

② 永久型と繰延型

次に押さえるのは、永久型と繰延型です。

繰延型は、**本来は今年払うべき税金を来年以降に先延ばしするもの**であり、**永久型は払う必要がなくなる**というものです。永久型はもちろん活用しましょう。永久に払う必要が

	永久型	繰延型
資金流出なし	A　不良債権の償却・不良在庫の処分 B　特別税額控除 C　個人事業主の法人成り	D　特別償却
資金流出あり	E　経費の支払	F　生命保険の活用 G　短期前払費用の支払 H　経営セーフティ共済への加入 I　小規模企業共済の加入

（分類が難しいもの）
J　適正な役員報酬の決定　K　退職金課税制度の活用

なくなるわけですから。繰延型については様々な事象を勘案して決定しなければなりません。

基本的に節税は資金流出を伴うものですから、多少の金額を節税するために多額を流出するような場合には、資金繰りがうまくいかなくなる可能性があります。慎重に検討しましょう。

上記の種別ごとに主な節税方法を考えてみると次のとおりです。

A　不良債権の償却・不良在庫の処分（資金流出なし・永久型）

節税というと微妙なものかもしれませんが、利益が出すぎているとき（＝税金が高額になるとき）に検討したいのが、不良債権の償却・不良在庫の処分です。

なお、不良債権とは、請求する権利はあるものの回収できる可能性がないものをいいます。不良在庫は、売れる見込みのない商品をいいます。不良債権・不良在庫とも、何の活用価値もないのに利益の計算上、資産（プラスの財産）として考えられています。

そこで**不良債権・不良在庫を処分してしまう**のです。実質的には価値のないものが利益計算上は価値のあるものになってしまっているわけですから、実質に合わせて価値をゼロにします。**処分した金額だけ経費になりますから、その分利益が減少し、税金が減少する**ということになります。

ただし、処分の仕方については注意が必要です。

不良債権…相手方に債権放棄の通知（もうお金はいりませんという通知）を出すなどする。

不良在庫…実際に廃棄し、廃棄業者から廃棄証明書を貰う。もしくは投げ売り（安価で販売）してしまう。

不良債権及び不良在庫の処分については、税務署からいろいろと追及されることがあります。例えば、実質的には債権放棄はしていないにもかかわらず、税金の計算上、債権放棄をしたように見せかけているんじゃないかとか、実際には廃棄していないのに廃棄したように処理しただけじゃないのかと勘ぐられるわけです。

よって**きちんと証拠を残すことが重要**になります。

B　特別税額控除の活用（資金流出なし・永久型）

特別税額控除とは、税金をおまけしてくれる制度です。住宅ローン控除が有名です。法人や個人事業主に対しても様々な税額控除があります。

具体的に説明すると複雑怪奇になりますから、次の項目を覚えておけばよいでしょう。

○　高額の機械を購入、またはリースする。

○　従業員に対して教育訓練を行う。

○　研究開発を行う。

ざっくりとした話で恐縮ですが、このような場合には顧問税理士に相談したほうがよいでしょう。ほかにも高額の資金を使用するときには顧問税理士に相談をして、有利な制度がないかの確認をとることはとても有効です。例え話ですが、一〇〇万円の機械を買えば有利な制度の活用ができるのに、税理士に相談なしで九九万円の機械を購入してしまって、有利な制度を活用することができなかったなどの事例もあります。何はなくともまず相談をしましょう。

C　個人事業主の法人成り（資金流出なし・永久型）

これはちょっと重い話になりますが、**現在、個人事業主でいらっしゃる方にはとても重大な話**です。よく、個人事業主の方は、「そんなに儲かっているんだったら、法人成りしちゃったほうがいいよ～」なんていうアドバイスを受けることがあると思います。そもそも法人成りって何？　という方が大半だと思うのですが、そんなに難しい話ではなくて、今まで「山田太郎」という個人名でビジネスをしていたのを、「株式会社山田商事」みたいに会社を設立し、**ビジネスを個人から会社に移すこと**をいいます。いわば会社の設立です。

なんで法人にすれば税金が安くなるのさ、という疑問があると思いますが、その理屈は次のとおりです。

まず、個人事業主として消費税を納税している人の場合、**法人成りすれば消費税を納付しなくてすみます**。ビジネスをする以上、ものを売ったりサービスを提供すれば代金を貰うわけですが、その際に消費税も預かります。この預かった消費税を税務署に納税するのですが、基本的に消費税を納税すべきかどうかは二年前の売上高の金額に基づき決定されます。よって、新しく法人を設立すれば、二年前には「その法人はなかった＝売上はなかった」わけですから、消費税の納税を免れることができるわけです。

次に、**給与所得控除の活用**があります。次ページの図をご覧ください。

基礎知識は次のとおりです。

個人事業主の税金計算…売上から経費を引いた金額が税金計算のベース（課税所得）になります。

法人の税金計算…売上から経費を引いた金額が税金計算のベース（課税所得）になります。つまり、個人事業主と一緒です。

給与所得者の税金計算…給料の金額から給与所得控除を差し引いた金額が税金計算のベース（課税所得）になります。

給与所得控除とは、給与所得者の経費みたいな性格のものです。具体的には上記のように計算されます。

個人事業主は個人事業主の税金計算だけになります。

法人の場合、少し話が異なります。

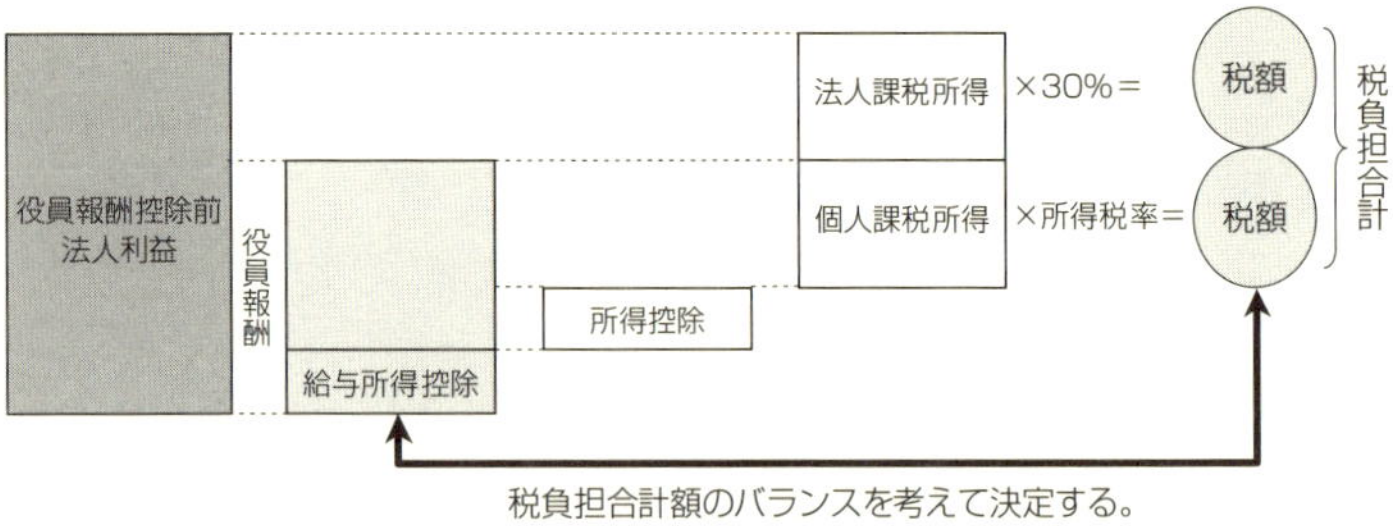

役員報酬（給料）の金額	給与所得控除額
180万円以下	給料×40% 65万円に満たない場合には65万円
180万円超　360万円以下	給料×30%＋ 18万円
360万円超　660万円以下	給料×20%＋ 54万円
660万円超　1,000万円以下	給料×10%＋120万円
1,000万円超	給料×５%＋170万円

例えば、次の事例をみてみましょう。売上二、五〇〇万円、経費一、五〇〇万円の個人事業主Ａさんの利益は次のとおりです。

136ページに見るとおり、Ａさんの利益は「売上二、五〇〇万円－経費一、五〇〇万円」で一、〇〇〇万円です。Ａさんが青色申告者で帳簿をきちんと付けていれば青色申告特別控除六五万円を控除できますから、税金計算のベースは九三五万円になります。

次に、Ａさんが株式会社Ｘを

設立したときの状況を考えてみましょう。

ほとんどの場合、法人としてビジネスをしようが個人事業主としてビジネスをしようが、売上と経費の金額に変化はありません。したがって、株式会社Xの利益は一、〇〇〇万円です。ところが、です。株式会社Xは社長であるAさんに当然給料を払います。Aさんは社長ですが、株式会社Xからは給料（役員報酬といいます）を貰う立場にあります。株式会社Xの利益状況はどうなるでしょうか。普通、節税を考えれば、役員報酬は、会社の利益をゼロにするように払いますから、このケースだと一、〇〇〇万円を株式会社XはAさんに支払います。

結局、株式会社Xの利益はゼロになります。法人の税金は利益に対してかかりますから税金はゼロになります。（厳密に言えばちょっとかかるのですが、単純化のため、無視します。）

次にAさん個人を考えてみましょう。Aさんは個人事業主ではなく、株式会社Xから給料を貰っている給与所得者です。

給与所得者は給料の金額から給与所得控除の金額を控除して、税金計算のベースとなる給与所得の金額が計算されるわけです。

●法人成りの例●

個人事業主Aさんの計算

売上	2,500万円
経費	△1,500万円
青色申告特別控除	△65万円
利益（税金計算のベース）	935万円

個人事業主の場合
935万円

株式会社X設立～役員報酬計上前

売上	2,500万円
経費	△1,500万円
（役員報酬控除前）利益	1,000万円

その差155万円!!

株式会社X設立～役員報酬計上後

売上	2,500万円
経費（役員報酬以外）	△1,500万円
役員報酬	△1,000万円
利益（税金計算のベース）	0万円

社長Aさん個人の計算

給料（役員報酬）	1,000万円
給与所得控除	△220万円
給与所得（税金計算のベース）	780万円

合計

法人成りした場合
780万円

Ａさんの税金計算のベースとなる金額は、
個人事業主だった場合…九三五万円
給与所得者だった場合…七八〇万円
ですから、その差は一五五万円となります。税金計算となるベースの金額が一五五万円も異なれば、所得税と住民税合わせて最低でも約二三万円、最大なら約七八万円の税額の差が出てきますから無視できる数字ではありません。
まとめると、法人成りには、
○　**消費税の免税メリットが生じる。**
○　**トータルの税額が安くなる。**
という二つのメリットが存在するわけです。また、ほかにも**法人ならではの節税策が取れる**ようになります。ただし、個人事業主のままの方がお得だったりすることもあるので、最終的な決定は税理士と相談して行うようにしてください。

D　特別償却（資金流出なし・繰延型）

通常の減価償却費よりも多くの減価償却費を計上できる制度です。対象資産は幅広くありますから、減価償却資産を購入する場合、税理士に相談してみてください。

E　経費の支払（資金流出あり・永久型）

もしかすると繰延型ともいえるのかもしれませんが、節税の代表例が、経費の支払です。経費を払えば利益が減りますから、当然節税にはなります。消耗品の類を購入すればその分だけ節税になるわけです。

ただし、注意しなければいけないのは次の二点です。

①　三〇万円以上の物品の購入

三〇万円以上の物品を購入した場合、一部の金額しか経費にならない可能性が高いです。

三〇万円以上の物品は、減価償却資産として資産になってしまい、少しずつしか毎年の経費にならないのです。なので、利益が出すぎているから高額の自動車を買った、なんていう話もよく聞くのですが、節税に対する効果は限定的です。

②　節税ありきの本末転倒な消耗品購入

税金を払いたくないという一心から、不要な消耗品を片っ端から購入する方がいらっしゃいます。例えば一〇〇万円の利益が計上された場合、一〇〇万円の消耗品を購入してしまえば利益はゼロになり、税金は払う必要がありません。しかしながら、仮に一〇〇万円の利益であればそれにかかる税金は三〇万円程度（法人の場合）です。**税金三〇万円を支払えば差額の七〇万円は手許に残る**わけです。

ところが、利益をゼロにするために一〇〇万円の消耗品を購入すれば、確かに利益はゼロになり税金の納付は免れますが、手許には一円も残らないことになります。ここで、購入した消耗品が将来の収益につながるのであればそれは問題ないかもしれませんが、購入しただけで箱も開けずに捨ててしまったものがほぼすべてということになれば、一〇〇万円をドブに捨てたも同然です。払うものは払ってしっかり残す、という考えも持っておきましょう。

F　生命保険の活用（資金流出あり・繰延型）

資金流出あり・繰延型の典型例が、生命保険の活用です。生命保険といっても節税商品と考えてしまえばよいでしょう。生命保険の税務上の取扱いについては複雑ですので、要点のみ説明します。

まず、生命保険を活用しての節税は、法人しか活用できません。保険料を払ったときには経費にし、解約したときは返戻金が利益になります。表向きは経営者に万が一のことがあった場合、法人の運営資金を賄うための準備とされていますが、**実態は節税商品**です。退職金課税制度と同時に活用すると相当な節税効果が期待できますので、詳細は後述します。

G　短期前払費用の支払（資金流出あり・繰延型）

利益が出すぎてしまった時に、向こう一年間に支払うべき費用を前払してしまえばその金額は経費となります。これを短期（一年以内という意味）前払費用の支払といいます。

例えば、地代家賃、保険料、支払利息などを一年分一括して払うことによって、本来は翌年の経費になるべき金額を先食いする形で今年の経費にしてしまうわけです。ただし、この制度を一度使ってしまうと、翌年度以降も同様に一年分を前払することが必要となるため、**来年以降の資金繰りの状況をよく考える必要**があります。

Ｈ　経営セーフティ共済（中小企業倒産防止共済）への加入
（資金流出あり・繰延型）

経営セーフティ共済（中小企業倒産防止共済）は、万が一、取引先が倒産してしまったときに、積み立てた掛金の一〇倍の範囲（最高三、二〇〇〇万円）を貸し付けてくれる制度です。

取引先の倒産は大変です。取引先が倒産してしまうと、当てにしていた入金がなくなります。支払はしなければいけませんから、その資金が不足することにもなりかねません。

仮に、得意先の倒産により自分の会社に入金がなく、支払先への支払が不能になった場合には逆に自分が倒産してしまいます。このような状況を連鎖倒産といいますが、経営セーフティ共済（中小企業倒産防止共済）は、この連鎖倒産を防ぐための制度になります。

この共済に加入すると、毎月掛金を五、〇〇〇円から八〇、〇〇〇円までの範囲内

（五、〇〇〇円単位）で支払い、取引先が倒産した場合には掛金の総額の一〇倍までを低金利で貸し付けてもらうことが可能です。掛金は、総額が三二〇万円になるまで積み立てることができます。

また、共済を解約すれば、積み立てた金額は例外を除いて全額返ってきます。金利が付かない預金と考えてしまってもよいでしょう。

以上が制度の概要なのですが、**ポイントは、掛金が経費になる**ということです。（掛金が経費になるということは、解約したときの返戻金は利益になります。）

掛金は最大で月八万円です。決算の時に慌てて加入したとしても短期前払費用との組み合わせで、「八万円×一二カ月分」で九六万円の経費を作ることができます。倒産が多い業種と取引している場合に活用すると、節税にもなり、いざというときの備えにもなるので活用を検討するとよいでしょう。申込みは最寄りの金融機関で受け付けてくれます。

● Ⅰ　小規模企業共済の加入（資金流出あり・繰延型） ●

小規模企業共済とは、国が作った経営者のための退職金制度ということができます。

小規模企業の個人事業主または法人の役員が、事業を廃止した場合や役員を退職した場合など、第一線を退いた時に、それまで積み立ててこられた掛金に応じた共済金を受け取れる制度です。毎月の掛金は千円から七万円までで、五百円単位で選択することができます。

掛金は、税法上、全額が小規模企業共済等掛金控除として課税対象となる所得から控除することができます。

つまり、老後の資金を作るために貯金をすると、全額を税金計算上の経費にすることができるのです。

これは非常に強力です。貯金をすればその分、税金が安くなるというものです。活用を検討してみてください。

Ｊ　適正な役員報酬の決定

節税方法としての適正な役員報酬の決定方法を勉強しましょう。これは、法人を作ってビジネスをやる方にとってはかなり重要です。まず、経営初心者によくある勘違いを指摘しておきたいのですが、**法人（会社）の金は社長の金ではありません。**個人事業主であればすべてが自分の金なのですが、法人の場合、**会社の金は会社の金であって社長のお金で**

●役員報酬の月額を30万円、年額を360万円にした場合●

会社の税金計算		社長の税金計算	
売上	1,500万円	役員報酬	360万円
経費（役員報酬以外）	△600万円	給与所得控除	△126万円
役員報酬	△360万円	所得控除	△150万円
税引前利益	540万円	課税所得	84万円
税率	**（30%）**	**税率**	**（15%）**
税金（法人税など）	162万円	税金（所得税など）	13万円
会社と社長の合計　175万円			

はないのです。

ですから、**会社の金を自分の生活費に使うという行為は論外**です。経営者は、自分の生活費は会社から貰う給料（役員報酬）で賄わなくてはなりません。もちろん、経営者も会社から貰う給料に対して所得税と住民税を支払わなければなりません。そして税金を払った後のお金を初めて自分で使ってよいことになります。

こう書くと、なるほど、じゃあ儲かった分だけ会社から給料を貰えばいいいんだなと思うかもしれませんが、さらに話は複雑になります。**税法上、基本的には毎月の給料（役員報酬）は一度決めると一年間は変更することができない**のです！（変更してもよいのですが、かなり不利な取扱いになります。）

役員報酬の月額を75万円にした場合

会社の税金計算		社長の税金計算	
売上	1,500万円	役員報酬	900万円
経費（役員報酬以外）	△600万円	給与所得控除	△210万円
役員報酬	△900万円	所得控除	△150万円
税引前利益	0万円	課税所得	540万円
税率	（30%）	税率	195万円以下　15% 195万円超 330万円以下　20% 330万円超 695万円以下　30%
税金（法人税など）	0万円	税金（所得税など）	約119万円
会社と社長の合計　119万円			

よって、法人を設立する場合、自分の給料を毎月いくらにするかを真剣に検討する必要があります。自分は毎月三〇万円もあればラクラク生活できるからということで三〇万円と決めたとしましょう。とすると年収三六〇万円の社長のできあがりです。会社にとっては社長に支払う給料は経費になります。

ここでこの会社の一年間の損益状況を確認してみましょう。

前ページ表の計算により、会社の税金は一六二万円、社長の税金は一三万円になりますから、税金負担は合計一七五万円ということになります。ここに大きな問題が生じています。会社の税金計算上の税率は三〇%、社長の税金計算上の税率は一五%です。社長の役員報酬を低く見積もってしまったために、法人の高い税率を払い、社長の低い税率を有利に活用することができなかったわけです。なお、社長の税金計算に出てくる所得控除は、配偶者控除や扶養控除、医療費控除などを意味しています。

仮に、役員報酬を月額七五万円、年間役員報酬が九〇〇万円と設定していた場合を考察してみます。

前ページ表の計算により、会社の税金はゼロ、社長の税金は約一一九万円ですから、税負担は合計一一九万円です。なんと、当初の**月給三〇万円プランと比較して五六万円も安くなって**います。

どうしてでしょうか。

これは、給与所得控除の利用と、個人に対してかかる税金計算には累進課税制度が用いられていることが理由としてあげられます。このあたりを理解することは社長業としてはとても重要です。難解だと思いますが、しっかりついてきてください。ビジネスよりもよっぽど簡単な話です!

税金を最小化する役員報酬はいくら？

		パターンA	パターンB	パターンC
		役員報酬 ゼロ の場合	役員報酬 450万円 の場合	役員報酬 900万円 の場合
会社	役員報酬控除前利益	900万円	900万円	900万円
	役員報酬	0円	△450万円	△900万円
	税引前利益 （税金計算のベース）	900万円	450万円	0円
社長	役員報酬	0円	450万円	900万円
	給与所得控除	0円	△144万円	△210万円
	税金計算のベース	0円	306万円	690万円
会社＋社長 （税金計算のベース）		**900万円**	**756万円**	**690万円**

給与所得控除の分だけ減る!!

（参考）役員報酬と給与所得控除の額の対応

役員報酬の金額	給与所得控除額
180万円以下	給料×40% 65万円に満たない場合には65万円
180万円超　360万円以下	給料×30%＋18万円
360万円超　660万円以下	給料×20%＋54万円
660万円超　1,000万円以下	給料×10%＋120万円
1,000万円超	給料×５%＋170万円

① **給与所得控除の利用**

これは、個人事業主の法人成りのところでも説明しました（132ページ参照）。給与所得控除は給与所得者の経費みたいなものです。給与所得者の税金計算のベース（課税所得）は、「給与収入－給与所得控除」で計算されます。

話を単純化すれば、役員報酬を支払う効果は次のように説明できます。仮に、役員報酬控除前の会社の利益が九〇〇万円で、役員報酬を一円も払わない場合と、役員報酬四五〇万円払う場合、役員報酬を九〇〇万円払う場合を考えてみます（前ページ表）。見事に会社の税引前利益の金額をゼロになるようにした、パターンCの税金計算のベースの金額が最も低くなります。パターンAと比較すると、給与所得控除の分だけ少なくなるわけです。このように、**法人の利益を役員報酬に転嫁すると、給与所得控除の分だけ税金計算のベース（課税所得）を減らすことができる**わけです。

② **法人と個人の税率構造**

次に、法人と個人の税率構造を確認しましょう（次ページ表）。法人、個人とも累進課税税率になっています。累進課税税率とは、利益が多ければ多いほど税率が高くなる制度

法人の税率構造

課税所得	税率
800万円以下	約30%
800万円超	約40%

個人の税率構造

課税所得	税率
195万円以下	15%
195万円超	20%
330万円超	30%
695万円超	33%
900万円超	43%
1,800万円超	50%

をいいます。しっかりと確認してほしいのは次の点です。法人を例にとってみましょう。例えば課税所得が一、〇〇〇万円の場合、税金はいくらでしょうか。よくある勘違いが、「え〜と、一、〇〇〇万円ということは課税所得八〇〇万円超に該当するな。ということは約四〇％が税率だから、一、〇〇〇万円×約四〇％＝約四〇〇万円だ！」というものです。これは理解が間違えています。

正しくは、一、〇〇〇万円のうち、八〇〇万円については、「八〇〇万円×約三〇％＝約二四〇万円」、八〇〇万円を超過する二〇〇万円に対して「二〇〇万円×約四〇％＝約八〇万円」で合計約三二〇万円になります。あくまでも超過する部分が前ページの表の税率になるということを確認してください。

ここでの最大の論点は、個人の税率が三三％になるポイントの理解です。なぜなら、法人の税率三〇％を超過するということを意味します。（ここでは、中小企業の現実的な税率三〇％に焦点を当てています。）

③ 結局、役員報酬はいくらにするのか

まとめていきましょう。

役員報酬控除前法人利益から役員報酬を控除したものが、法人の課税所得になります。また、社長の税金については、役員報酬から給与所得控除と所得控除を引いて個人課税所得が算出されます。おのおのの課税所得に税率を乗じればそれぞれ税額が出ますから、それを合計したものが税負担の合計になるわけです。

税負担を最小化するには147ページで見たように、法人の課税所得をゼロにするのが一番早道です。しかしながら、かなり利益が出ている企業については、法人の課税所得を残す（ゼロにしない）という選択肢があることを忘れないでください。

ここで思い出さなければいけないのが、税率構造の違いです。前ページの個人の税率構造をご覧ください。課税所得金額が六九五万円を超えると税率が三三％、これは法人の税率を超えることを意味します。こうなってしまうと話は別で、社長に役員報酬を払って三三％の税率で税金を払うよりも、法人に課税所得を残して法人の三〇％で税金を払ったほうが合計税額は安いことになるわけです。

では、課税所得を六九五万円まで（すなわち個人ベースで三三％にならない）に抑えることができる役員報酬はいくらでしょうか。この金額は所得控除を一五〇万円と仮定すると、年収一、〇八〇万円くらいになります。月給にすると九〇万円ということです。つまり、総合的な節税の観点からは、月給は九〇万円程度に抑えたほうがよいということになります。ただし、この金額は自分の所得控除の金額によって異なりますから、一度計算してみてください。

まとめてみましょう。

○　基本的に法人の課税所得をゼロにするような役員報酬の設定が最も節税になる。

○　ただし、個人の課税所得が六九五万円を超過する場合には法人に課税所得を残したほ

うがよい。

○ 役員報酬は一年間変更できないので、毎年の初めによく事業計画を検討し、利益予測を正確にすることが大事。

K 退職金課税制度の活用

退職金課税制度は大きな節税ツールです。退職金の課税の仕組みはかなり優遇されています。今は昔の話とはいえ、日本の終身雇用制度の影響なのでしょう。具体的には上のように計算されます。

退職金への課税方法

（退職金－一定額※）×1／2×税率

※　一定額は次のとおり
勤務20年まで　40万円×勤務年数
勤務20年超　　70万円×勤務年数－600万円

最大のポイントは二分の一を乗じるところです。**退職金は、半額だけ課税されるとイメージすればよい**でしょう。退職金課税を活用した場合としなかった場合には次のような違いが出てきます。

二〇年間で二億円の報酬を得る場合の所得税を計算してみます。所得控除は一五〇万円として計算します。

① **全額給料で貰う場合**（年一、〇〇〇万円×二〇年間）

年一、〇〇〇万円の給料に対する税金：約一四六万円
合計　約一四六万円×二〇年＝二、九二〇万円

② **年八〇〇万円の給料、退職金を四、〇〇〇万円に設定した場合**（年八〇〇万円×二〇年＋退職金四、〇〇〇万円）

年八〇〇万円の給料に対する税金：約九二万円
退職金四、〇〇〇万円に対する税金：約六七八万円
二〇年合計　約九二万円×二〇年＋約六七八万円＝二、五一八万円

ということは、**税額で約四〇二万円も異なります**！　ですから、毎年給料で一、〇〇〇万円貰って貯金しておくよりも、毎年の給料は八〇〇万円に抑え、減額分を退職金として貰ったほうが、老後の資金が約四〇〇万円も異なるということにほかなりません。しかしながら、退職金課税の仕組みで節税する場合、ちょっとした工夫が必要です。それが生命保険の活用なのです。前述しましたが、ここにいう生命保険は単なる節税商品です。節税商品としての生命保険は、生命保険会社の人は、「退職金準備のために生命保険を活用し

役員報酬のみの場合

	役員報酬控除前法人利益	役員報酬	税引前利益	法人税等
1年目〜20年目	1,000万円	△1,000万円	0万円	0万円
合計	20,000万円	△20,000万円	0万円	0万円

役員報酬＋退職金

	役員報酬控除前法人利益	役員報酬	税引前利益	法人税等
1年目〜19年目	1,000万円	△800万円	200万円	60万円
20年目	1,000万円	△800万円 退職金 △4,000万円	△3,800万円	0万円
合計	20,000万円	△20,000万円	0万円	**1,140万円**

役員報酬＋退職金＋生命保険

	役員報酬控除前法人利益	役員報酬	生命保険	税引前利益	法人税等
1年目〜19年目	1,000万円	△800万円	**掛金 △200万円**	0万円	0万円
20年目	1,000万円	△800万円 退職金 △4,000万円	**掛金 △200万円** **解約返戻 ＋4,000万円**	0万円	0万円
合計	20,000万円	△20,000万円	0万円	0万円	**0万円**

ませんか？」と営業なさっているくらいですから、退職金と生命保険は切っても切れない関係にあります。

どのように使うかをチェックしてみましょう（前ページ表）。

仮に、役員報酬控除前法人利益が一、〇〇〇万円の場合を考えてみましょう。役員報酬控除前利益が一、〇〇〇万円の場合、役員報酬を一、〇〇〇万円計上すれば税引前利益（法人課税所得）はゼロになりますから、法人税等の金額はゼロになります。

ところが、この状況で退職金課税を利用しようとすると次の状態になります。

結論から言ってしまえば、二〇年間で法人税等が一、一四〇万円かかってしまうことになります。これは、退職金の財源を作るために役員報酬を八〇〇万円にした結果、一年目～一九年目まで税引前利益（法人課税所得）が毎年二〇〇万円計上されるので、これに三〇％の税率がかかり毎年六〇万円の税額が出てしまうことになるわけです。二〇年目こそ退職金四、〇〇〇万円が支出されますので赤字となり法人税等はかかりませんが、一九年間で「六〇万円×一九年＝一、一四〇万円」の法人税等がかかってしまうことになります。退職金課税の活用により個人の税金は四〇〇万円節税になったわけですが、法人の税金が一、一四〇万円増加してしまうようなら全く意味がない話になります。

そこで、生命保険を活用するのです。

生命保険を活用した場合、次のようになります。

生命保険に加入し、毎年二〇〇万円の保険金を払います。すると、税引前利益の金額はゼロとなりますので、法人税等の金額はゼロになります。そして二〇年目に、保険を解約します。保険を解約した場合、今までの掛金が返される仕組みになっています。ただし、掛金を支払った時に経費になっているわけですから、掛金が返ってくる時は利益になってしまいます。ですが、ここで退職金四、〇〇〇万円を支払うわけですから、ちょうど解約返戻金の分を退職金として支払うことになり、やはり二〇年目の税引前利益もゼロになるわけです。これで法人税等は二〇年間でゼロになりますから、個人の節税効果を存分に享受できることになるわけです。

なお、設例は諸々を単純化しておりますので、必ず生命保険会社や顧問税理士と相談して実行していただけるようお願いします。

第3章 ビジネスの始め方

第1、2章では、心構えから節税まで、主にお金について説明しました。

第3章では、主に制度について説明します。

他の書籍も参考にしつつ、確認してください。

法人で始めるか個人事業主で始めるか

第1章では経営者の心構えを、第2章では経営者が知るべきお金の常識を説明しました。第3章では、実際にビジネスを始める際の制度的側面を説明したいと思います。

まず、よく相談される、「個人事業主と法人設立のいずれを選択したほうがよいのか」について言及します。個人事業主と法人の違いについて理解してください。

次に個人事業主の始め方を説明します。

個人事業主が理解できたら、法人についてです。法人については株式会社を設立する場合と合同会社を設立する場合に分けて説明をしていきます。

最後に、ビジネスを取り巻く専門家（弁護士、税理士など）の仕事を紹介し、専門家の活用の仕方について考えてみることにしましょう。

ビジネスの始め方のイロハのイ

ビジネスを始めるためにはまず、法人を設立して始めるか、個人事業主として始めるかを検討しなければいけません。ビジネスを始める際に個人事業主として始めるべきか、法人で始めるべきかについて考えてみたいと思います。

設立手続

個人事業主…特に何もする必要はありません。

法人…設立登記をする必要があります。198ページ以降で詳解しますが、設立登記は公証人役場、法務局に出向き、各種の書類を提出しなければいけません。自分でもできますが、時間もかかり大変です。費用面は自分でやる場合、株式会社で約二五万円弱です。

信用

個人事業主と比較すると法人の方が対外的な信用が高いです。これは単純に、「山田商店の山田です」と挨拶されるよりも「株式会社山田商店の山田です」と挨拶されたほうが何となく信用できるというレベルです。しかしながら、一部には法人じゃないと取引しないという企業もあるので、そのような企業と取引する場合には法人である必要があります。ただし、金融機関に対しては、創業時に限っていえば個人事業主であろうが法人であろうがあまり変わりはありません。

借入

創業時に限っていえば、個人事業主であろうが法人であろうがあまり変わりはありません。ただし、**起業して数年後においては法人の方が有利であるような気がします。**これは感覚的な問題であって、正当性はないかもしれません。これを裏付ける話をひねり出すと、例えば法人が借入をしようとする場合、借主が法人、連帯保証人は社長個人で完結するのに対し、個人事業主が借入をするのであれば、借主は事業主本人、連帯保証人は他人（しかも同一生計の人、例えば奥さんとかではだめな場合が多い）を要求されるという話があります。

資金調達

個人事業主の場合、基本的には金融機関からの借入のみであるのに対し、**法人の場合は、借入はもちろん、株式の発行、社債の発行など選択肢は広がります。**

責任

教科書的にいえば、個人事業主は無限責任で法人は有限責任になります。法人はその出資の範囲でのみ責任をとればいいわけです。しかし現実的には代表者（社長）自身が個人で連帯保証をする場合がほとんどですから、**実質的には無限責任**となります。つまり、個人事業主も法人も資金が行き詰まれば破産せざるを得ない、法人の場合は連帯保証人である代表者（社長）も破産せざるを得ない状況になります。

会計処理

個人事業主の場合、青色申告と白色申告があります。白色申告の場合、会計処理自体はほとんど必要ないのでここでは除外される議論になりますが、青色申告の場合は法人の場合とほとんど手間は変わりません。ただし、使途不明でも特に問題ないなどの点から、**個人事業主の方が多少は楽になります。**

税　金

個人事業主の場合、利益に対し所得税、住民税、事業税が課されます。法人の場合、法人税、住民税、事業税が課されます。税率ベースではどちらが有利かは利益の金額に応じますので一概には言えませんが、**利益が多ければ多いほど法人の方が有利**になります。少なければ個人事業主の方が有利です。法人と個人のどちらが得かという分岐点については、状況にもよりますので何とも言えませんが、個人事業で利益が三〇〇万円程度を超えてきたら試算するなどし、法人化の検討を始めたほうがよいです。

従業員の社会保険

忘れてはいけない議論として、従業員の社会保険があります。法人の場合、法的には強制加入です。個人事業主の場合、従業員が五名未満の場合は任意加入、五名以上の場合は強制加入になります。しかしながら、現実的な話として、強制加入の場合でも社会保険に加入していない法人や個人事業主もかなり多い状況です。

個人事業主と法人の違い

	個人事業主	法人
設立手続	特になし	定款の認証及び登記手続 自分でもできるが大変
信用	法人と比べると低い	個人事業主と比べると高い
借入	法人と比べると大変	個人事業主と比べると楽
資金調達	借入のみ	株式発行等柔軟
責任	無限責任	法的には有限責任だが、個人保証により無限責任という理解のほうが現実的
会計処理	法人と比べるとちょっと楽（青色前提）	個人事業主と比べるとちょっと大変
税金	事業利益300万円程度から法人化を視野に入れたほうがよい	
従業員の社会保険	任意加入	法的には強制加入

結局どうするか

個人事業主と法人の違いはわかった、じゃあ結局どうすればいいのかという話になりますが、これは最後は自分の主観によるところが大きいです。

お金の面からだけ考えると、初めは個人事業主としてビジネスを始めて、それなりの利益が出はじめてきたら法人設立を視野に入れるとよいのではないかと思います。

理由一　始めやすくやめやすい

一番の利点はこれに尽きます。個人事業主は自分で宣言するだけで個人事業主ですから、思い立ったらすぐに始めることができます。（一般的には税務署への開業届をもって個人事業主と認識される場合が多いです。）

そして、事業がうまくいかなかったときも、「だめだな、やめよう」の思いだけで廃業になりますから、やめやすいという利点もあるわけです。

それに対し、法人は設立も解散も手間とお金の連続になります。これからビジネスを始めようとしている方に対して退出について考えても仕方がないかも知れませんが、大事な話ですので書いておくことにしましょう。

法人はビジネスをやめようとするとき、基本的には解散をします。（解散をさせずに休眠させたりすることもあります。）解散をするときは、設立をするときと同様、法務局へ登記をしなければなりませんし、税務署等に対しても特殊な申告手続をしなければなりません。また、専門家の手を使って諸々の処理をしなければならないことになります。当然お金もかかります。

お金がかかるだけならなんとかなるとは思うのですが、問題は株主です。自分一人が株主で自分一人が取締役なら特に問題は生じてきませんが、株主が自分以外にいるということになると、ちょっと面倒なことになります。出資金の精算はどうするかなど、経済原理というよりも人間関係に基づく決着を模索しないとならなくなるわけです。経営者たるもの調整能力がすべてとも思いますから、それくらい何とかしろという感情ももちつつ、やはり面倒なものです。

話は元に戻りますが、特に初めてビジネスを起こす方の場合、当たり前ですが初めは経営に関しては初心者です。**初心者が法人を運営するのは実はちょっと面倒**だったりするわけです。

理由二　消費税の免税メリットを四年間享受する

突然ですが、消費税の納税の仕組みをご存じでしょうか。消費税は、預かった消費税から支払った消費税を控除した残額を納税します。

例えば、六〇万円の商品を仕入れたとき三万円の消費税を支払います。これを支払消費税とよぶことにしましょう。そしてその商品を一〇〇万円で販売したとすると、五万円の消費税を受け取ります。これを預り消費税とよぶとしましょう。この場合、税務署に納付すべき消費税は、預り消費税五万円から支払消費税三万円を控除した残額の二万円となる仕組みなのです。

ところが、この二万円の**消費税を納付しない方法**があるのです。しかも合法的にです。個人事業主及び資本金一、〇〇〇万円未満で設立した法人は、初めの二年間は消費税を納税する義務がありません。

なぜ？　と疑問に思ってしまうところなのですが、実は、消費税の納税義務（預り消費税から支払消費税の差額を納税する義務）は、二年前の売上高の金額によって判定されます。

つまり、**ビジネスを始めたばかりの人は二年前の売上はゼロですから、始めた年の納税義務は免除**されるわけです。

消費税を最終負担している消費者からすれば非常におかしい制度なのですが、少額不追求という理念の下、お目こぼしがあるわけですね。

この制度をうまく活用するとどうなるか。

まず、初めは個人事業主でビジネスを始めます。二年前の売上で納税義務を判定されますから、少なくとも初めの二年間は納税義務がありません。

そして、多くの方に納税義務が発生するであろう三年目（二年目の売上が一、〇〇〇万円を超えている場合、納税義務が発生します）に法人を設立し、ビジネスを法人に移すのです。その際、個人事業主は廃業し、その後は法人がビジネスを継続します。

するとどうでしょう。その法人は新規設立になりますから、二年前の売上は、「法人」としては存在せず、また納税義務が免除されてしまうのです。となると、またまた二年間は消費税の納税義務が免除されることになります。

これで結局、**個人事業主として二年間、法人として二年間、合計四年間、消費税の納税を免れる**ことができます。

例えば、毎年二、〇〇〇万円の売上（預り消費税が一〇〇万円）があり、仕入金額が一、六〇〇万円（支払消費税八〇万円）だとすると、差引き二〇万円（預り消費税一〇〇万円－支払消費税八〇万円）が毎年の納税額になりますので、「二〇万円×四年分」の八〇万円の納税を免れることができるわけですね。八〇万円を儲けるのは大変なことですが、消費税の免税メリットを四年間享受すると、合法的に八〇万円を儲けることができてしまうということになります。

注意しなければならない点は、次のとおりです。

○　法人を設立するとき、資本金は一、〇〇〇万円未満にする。

資本金一、〇〇〇万円以上で設立された法人については、納税義務の免除はありません。

○　消費税の納税義務は免除されないほうがいいこともある。

消費税の納税義務は免除されないほうがいいこともたくさんあります。既述しましたように、消費税は、預り消費税から支払消費税を差し引いて納税する金額が決まります。したがって、支払消費税の方が預り消費税より多い場合、消費税は納付ではなく還付される仕組みになっているわけです。

多額の設備投資をするときなどがこれに該当します。例えば、初めの事業年度はほとんど売上が計上されず、多額の設備投資をした場合は次のような感じになります。

売上…一〇〇万円（預り消費税五万円）

設備投資など…五、〇〇〇万円（支払消費税二五〇万円）

預り消費税五万円－支払消費税二五〇万円＝△二四五万円

という結果となり、**なんと二四五万円が還付される計算**になるのです。ちなみにこの年において消費税が免税（納税義務がない）だったら、消費税は納付する必要もないですが、還付もされません。このように消費税というのは、ひとつ取扱いを間違えるととんでもないミスになってしまう場合があります。

なお、消費税が免税になる場合においても課税されたい場合（課税であれば消費税の還付を受けられる場合）、その旨を通知する書類を税務署に出す必要があります。さらに、消費税はかなりいろいろな制度が交じり合う、頭を使えば使うほど有利に動かすことができる税金です。ご自分の事業計画を基に、税理士にきちんと相談してプランニングを立てることをお勧めします。

理由三　まずはビジネスを学ぶ

まずは個人事業主としてビジネスを学び、その後に法人設立をして法人運営を学ぶという二段階の学習パターンは非常に効率がよいと思います。

ビジネスを始めようとする場合、当たり前ですが初めての人は初心者です。たとえサラリーマンとしてその業界で長年の経験があったとしても、しょせんは宮仕え、自分の名前でビジネスをしているわけではないし（多くの方は自分の名前で取引が成立していると考えるが、退職してみてそうではなかったと痛感することが多い）、資金繰りも考えたこともない、複雑な人間関係にさいなまれたこともほとんどないわけです。

経営者は本当に大変です。自分ではなく従業員がミスをしたとしても、従業員の責任は自分の責任。「経営者の仕事は謝りに行くこと」と豪語する先輩経営者もいるくらいです。

本当に自分のビジネスはうまくいくのだろうか、女房子供を食わすことはできるのだろうかという精神的圧迫もサラリーマンの比ではないし、資金逼迫《ひっぱく》の憂き目にも耐え、社内の人間関係のみならず、社外の人間関係にも神経を張り巡らせなければなりません。

ついでに言えば**経営者は二四時間仕事**です。休みといえども電話は普通にかかってきます。権限委譲がうまくできていない組織であれば、経営者がその電話に出なければ事は進んでいきません。

なので、たとえ恋人とレストランで食事をしている時だって、家族でディズニーランドのパレードを見ている時だって、電話が鳴れば、「はい、○○です。今ですか？　大丈夫ですよ」と明るく電話に応対しなければならないわけです。と愚痴っぽくなってしまいましたが、ビジネスを始めるというのは本当に大変なことなのです。

ビジネスを始めたばかりの時は、上記のような状況にどう対応するかを学ばなければならないし、特に初めは人件費も十分にないでしょうから自らが動く必要も大いにあります。そんななかで、法人経営というものまで付け加わってしまうとけっこう混乱をしてしまうわけです。慣れてしまえば大した話ではない法人経営ですが、初めは銀行口座の作り方すらわからないし、契約書の記名押印さえわからないわけですね。

個人事業主であればすべて個人の名称で行うわけですから、銀行口座の作り方だってわかるし（というかすでに持っている）、契約書だって自分の住所と名前を書くだけですから困惑する要素はほとんどありません。

なので、**経営の作法を知り、軌道に乗るまでの間は個人事業主としてやっていくというのも負担を減らすためにはけっこう大切**なことであるわけですね。

法人で設立したほうがよい場合

それでも法人を設立したい、設立したほうがよいという場合もあります。次のような場合です。

法人でないと取引できない場合

けっこうこのパターンが多くあります。特に大手企業との取引になっていくと、「うちの会社は個人事業主さん相手だと口座が開けない（＝取引ができない）んだよね〜」と言われて愕然《がくぜん》とし、慌てて法人を設立するケースもままあるわけです。まあ、この場合は言われてから作ればいいやという考えもあるわけですが。

さらには名刺をもらったときに、「株式会社○○」とあるだけでなんとなく最低限の信用は保つことはできますので、信用を多少なりとも大きくしたいという場合については、法人設立を視野に入れてもよいかもしれません。

節税策を多く使いたい場合

初めからかなり儲かることが視野に入っている場合、節税策を数多く用意する必要があります。その場合、個人事業主ですと節税策も限られてきます。

イメージしていただければいいのは、個人事業主が行える節税策はすべて法人でも行うことができるのに対して、**法人ではできるが個人事業主ではできない節税策がある**ということです。

例）個人事業主では活用できない節税策
　退職金課税の活用
　生命保険の活用
　給与所得控除の活用
　株式の売却損と事業利益・不動産利益の相殺　など

ビジネスを作り上げて売却することを視野に入れている

最近いらっしゃるのがこのパターンです。ビジネスを作り上げるのが好きで、作り上げてキャッシュ・フローが安定してきたら、それを会社ごと売却してしまうパターンです。

もともと何らかの成功を収めていて、有り余る資金を元手に会社を設立、自分の才覚をいかんなく発揮し、どんどんビジネスを作り上げ、安定したモデルの構築が出来たら、欲しい人にM&Aの仲介会社を通じて売却し、さらに大きなキャッシュを得るモデルです。

このモデルを視野に入れた場合、会社ごと売却（株式をすべて売却）するのが最も楽な手法になりますので、初めから法人を作っておくことが多いわけです。

気合いを入れる

法人を作ると気合いが入ります。これは紛れもない事実です。やはり人間はゼロから作り上げていくのが好きなようで、新しい会社を作ると気合いが入ります。なので、自分の中で新たな踏ん切りをつけたいときなど、法人を設立するとよいと思います。

社長と呼ばれたい

「気合いを入れる」の話とも似ているのですが、社長と呼ばれたかったら会社を作るのもあり、だと思います。身分は人を作ると言われますし、実際に社長と呼ばれるようになるとそれなりの自覚を持つことが多いです。なので、この効果を利用したければ法人を設立すればよいと思います。

ただし、**社長という呼び名は諸刃《もろは》の剣**です。われわれの業界では先生と呼び合うことも多いのですが、なかには皮肉を込める場合もあります。「せんせい〜。しっかりしてよ〜」みたいな感じで…。先生と呼ばれて気分を良くしている人もかなりいるのですが、呼んでいる方からすれば「さん」の代わりに「先生」を付けているだけです。社長というのも、「社長」と言っておけば無難だろうくらいにしか思っていない場合も多いわけです。

なので、自分は偉いのだと思うことのないようにしてください。社長には誰でもなれます。法人を作ればいいだけなのですから。

How to start a business

個人事業の始め方

税務署への届出

個人事業主を始める場合は、特にやらなければいけない作業があるわけではありません。強いていえば税務署への届出くらいでしょう。

もちろん、例えば中古品売買を行うのであれば古物商の許可が必要ですから警察に届け出る必要がありますし、税理士業を行う場合は税理士資格がなければいけませんので、どんな商売でも気軽に始められるということはありません。ここでは、業界特有の事象は省略し、すべてのビジネスに共通して必要となる書類をチェックしておきましょう。なお、記載するものは必要最低限です。これ以上の検討をする必要もあることを忘れないでください。

全般に言えることなのですが、あまり難しく考える必要はありません。**自分の名前、住所などをきちんと記載**して、提出前に税務署の人に記載内容はこれでよいかどうかを

●個人事業の届出書類●

届出の名称	提出期限
個人事業の開廃業等届出	開業から1カ月以内
所得税の青色申告承認申請	開業から2カ月以内
青色専従者給与に関する届出	青色専従者給与を支払うとき
給与支払事務所等の開設届出	給与を支払うようになってから1カ月以内
源泉所得税の納期の特例の承認に関する申請及び納期の特例適用者に係る納期限の特例に関する届出	適用を受けようとしたとき
所得税の減価償却資産の償却方法の届出	最初の確定申告書の提出期限まで
消費税課税事業者選択届出	事業開始のときは12月31日まで

チェックしてもらいましょう。間違えているところがあれば指摘してもらえます。

なお、税務署に書類を持っていくときは、書類を書いた後、コピーをとっておきましょう。このコピーを税務署に持っていけば収受印を押してもらえます。収受印は、確かに税務署が受け取ったという証拠になります。各種の届出書の控えについては今後の確認にとても重要なばかりでなく、**金融機関などから提出を求められる場合がありますので、紛失はご法度**です。

●個人事業の開廃業等届出●

個人事業を開始したことの届出です。提出期限は開業から一カ月以内です。(ただし、遅れたからといってペナルティーはありません。)こちらについては、何をもっての開業かということで悩みますが、ビジネスをやろうと思い立った日で問題ありません。尋問されることもないですから、お気軽に考えてください。

所得税の青色申告承認申請

きちんと帳簿を作成します、という宣言です。青色申告をしなければ白色申告ということになります。青色という色には特に意味はありません。（昔は本当に青い紙を使っていたそうです。）

「青色申告をする＝きちんと帳簿をつける」場合、税務上の特典が用意されています。

① **青色申告特別控除を受けることができる**
② **家族への給与が経費になる**
③ **赤字損失分を三年間繰越しできる**
④ **その他の特例を受けることができる**

① **青色申告特別控除を受けることができる**

青色申告特別控除は、**利益の金額から六五万円の金額を差し引いてよい**という意味です。

例えば、売上から経費を差し引いた金額が八〇万円の場合、八〇万円から青色申告特別控除六五万円を差し引いた一五万円が最終利益（税金が課される利益）になるわけです。

算式で示すと、

「売上一、〇〇〇万円－経費九二〇万円－**青色申告特別控除六五万円**＝最終利益一五万円」

という感じです。本来ならば八〇万円の利益が上がっているところを一五万円だけにしてくれるわけですから、大変ありがたいものです。なお、この青色申告特別控除は法人には認められていない個人事業主だけの特典になります。かなりお得な制度ですので、必ず利用してください。

② 家族への給与が経費になる

青色申告をしている場合、**家族への給与が経費になります。逆に言えば青色申告をしない場合、家族への給与は経費とはなりません（一定額を除く）。**

一般的にビジネスを始める場合、家族の協力を得てビジネスを展開しますから、給料を払う場合がでてきます。ところが、青色申告をしていないとその支払った分が経費になりません。支払った方は経費にはならないのに、給料を貰った方が所得税や住民税を支払うことになりますから、かなり痛いです。

さらに、儲けが大きくなった場合には累進課税制度（儲けが多い人ほど税率が上がっていく制度）により高額の税金を払うことになります。どれくらい高税率かというと、所得税と住民税を合わせて最大で五〇%にも達してしまいます。こうなってしまうと家族へ所得分散するのが普通です。つまり、一生懸命自分の手足となって働いてくれている奥様の月給を一〇万円から五〇万円に引き上げて、自分の所得を圧縮し（奥さんに給与を払えば、自分の所得は減る）、圧縮した分を奥様に与えるわけです。（もちろん奥さんはそれに見合う労働をしている必要があります。）

このような所得分散を行えば、**本人が申告すれば税率五〇%だとしても、奥さんの税率は二〇%だったりしますから、単純計算でも三〇%分の税額が浮く**ことになるわけです。これが基本的な所得分散の仕組みですが、青色申告をしないと使えない仕組みですので、要注意です。

③　赤字損失分を三年間繰越しできる

ビジネスを始めた年は赤字を抱えることが多いです。売上は八〇〇万円だったにもかかわらず、経費は一、〇〇〇万円かかってしまい、結局二〇〇万円の赤字で終わってしまったというケースです。

青色申告をしていない場合、この赤字金額は翌年以降の税金計算には何の影響も与えません。ところが**青色申告をしている場合、この赤字金額を翌期の税金計算上、控除してよいのです。**

なお、赤字損失分は翌年以降三年間使うことができます。この繰越しのおかげで、二年目では黒字金額二〇〇万円までは相殺してゼロにすることができるわけです。うっかりして青色申告の承認申請をするのを忘れ、損失の繰越しを受けられなく悔やむ方が毎年相当数いらっしゃいますので、ご注意いただきたいと思います。

④ その他の特例を受けることができる

そのほかにも様々な特例を受けることができます。列挙すれば書ききれませんので割愛しますが、様々な状況のときに様々な特典を受けることが可能になります。

青色専従者給与に関する届出

自分の親族に給与を払い、その金額を経費にしようとするときの届出です。前にも書きましたが、税務署は所得の移転を嫌います。所得税の税率構造は累進税率になっていますから、みんなが少しずつ稼いでいるよりも、一定の人がたくさん稼いでいたほうが税を集めやすいからです。

所得が高い人は所得分散を考えるわけですが、初めにやることは自分の身内に給料を払うことです。そこで税務署は、自分の身内に給料を払う場合は、月にいくら払うのか、ボーナスはいくら払うのか、業務内容はどんなものでどれくらい仕事をするのかを届け出ることを要求しています。これが青色専従者給与に関する届出です。また、その支払金額を変更しようとするときも届出をしなければいけません。

給与支払事務所等の開設届出

従業員を雇い、給料を支払うことになった旨の届出です。自分一人でビジネスを始める場合は提出不要ですが、将来人を雇う予定があるならば開業時に同時に出しておいたほうが賢明です。

源泉所得税の納期の特例の承認に関する申請及び納期の特例適用者に係る納期限の特例に関する届出

非常に長ったらしい名称ですが、会計業界では、「納特（のうとく）」とか「源泉税の納期の特例」とよばれています。

給料や報酬を支払う場合、所得税法の規定により源泉徴収をしなければなりません。サラリーマンの方ならおわかりだと思いますが、給料を貰うとき、給料の金額から所得税が控除されていると思います。それが源泉徴収です。給料を貰う側からすれば控除されているだけなので特に意識する必要はなかったと思いますが、給料を払う側からすると、源泉税を預かり、その源泉税を税務署に納付しなければならないわけです。この納付がけっこう面倒なわけです。

納付は、当月に預かった源泉税は、翌月一〇日までに納付します。わざわざ税務署に出向く必要はなく、銀行等の金融機関で納付できます。毎月一回金融機関に出向くだけですからそんなに面倒ではないかなとも思うのですが、忙しくなってくるとそれすら面倒になってしまい、納付忘れをしてしまうこともでてきます。

ちなみに、源泉税を納付し忘れた場合、不納付加算税といって納付する金額が一〇%増しになるばかりか、延滞税（なんと年一四・六%！）を払わねばならなくなってしまいます。けっこう重いペナルティーです。

前置きが長くなりましたが、そんな事務負担を軽減してくれるのが、「源泉税の納期の特例」の届けです。この届出を提出すると、一月～六月に預かった源泉税については七月一〇日まで、七月～一二月までに預かった源泉税については一月二〇日までにまとめて納付すればよいことになります。もちろん毎月納付しても問題はありません。毎月納付をしようと考えている方でも、一応届出を出しておきましょう。

なお、「源泉税の納期の特例」で陥りがちな間違いは次のとおりです。

○ 適用は届出があった日の「翌月」から

これが最も多いミスです。例えば、四月一五日に「源泉税の納期の特例」の届出をした場合、適用されるのは五月からです。なので、四月に源泉税を預かった場合、五月一〇日までに納付しなければなりません。特例は五月から生きてきますので、五月、六月に預かった源泉税は七月一〇日までに納付すればよいことになります。

この規定には税務署も目を付けていて、必ずといっていいほど確認の電話が入ってきます。「四月に源泉税の預かりはございませんでしたか?」という感じです。納期の特例の規定が四月から適用になっていると思っている方がほとんどなので、「はい、ありましたが、七月一〇日までに納付すればいいんですよね?」という回答をすると、「大変申し訳ないのですが、特例の適用は五月からです。つきましては四月に預かった分は五月の一〇日までの納付が法定期限となりますので、不納付加算税がかかってしまいますね」といった具合です。

経営者にとって、不要な税金を払わなければならないほど腹の立つことはありません。(税金を払うのが腹が立つというのではなく、将来の収益につながらないところに金を払うというのが嫌なのです。)注意してください。

○ 特例が生きない源泉税がある

「源泉税の納期の特例」の効果がない源泉税があります。納期の特例が生きない源泉税については、毎月納付をしなければいけません。

ちなみに、納期の特例が生きる源泉税、生きない源泉税は次のとおりです。生きない源泉税を預かった場合、特例の届出をしていても毎月納付しなければいけないので注意が必要です。しつこいですが、納付しない場合は怖い怖い不納付加算税が待っています。

【生きる源泉税】

給料、税理士報酬等に対するもの

【生きない源泉税】

原稿料や講演料、外交員報酬に対するもの

こうやって書いてしまうと、そもそもどの支払に対して源泉徴収すればいいのかという根本的な悩みも出てきそうですね。源泉税についてはかなり多岐にわたり複雑です。正直な話、われわれ税理士もすべてをきちんとは把握できていません。

基本的には、**給料を払った場合や〇〇士（税理士、弁護士など）にお金を払ったときは源泉税を預かる**という理解でよいでしょう。法人に払う場合は源泉徴収は不要です。つまり、個人に払うときだけ源泉徴収が必要になります。

では、個人に払うときはすべて源泉徴収をする必要があるのかというと、そうでもありません。源泉徴収の対象となる支払と対象にならない支払があるのです。個人事業主の方にお金を払う場合には、税務署に聞くか、お金を受け取る個人事業主さんに、「いつも源泉税ってどうしているの？」と聞いてみるとよいでしょう。

なお、本来ならば源泉徴収をしなければならない支払について源泉徴収をしなかった場合も、不納付加算税を支払うことになってしまいます。ですので、多くの企業はいちいち法令を解釈したり税務署に問い合わせなどをせず、個人事業主に外注費を支払う場合、一律に源泉徴収をしてしまい、納付する場合も多いです。つまり、不要な場合でも源泉徴収をしてしまい、税務署に納付してしまうわけですね。一般的に行われていることなので、貰う方も何も言わない場合が多いです。

所得税の減価償却資産の償却方法の届出

この届出は、出しても出さなくてもよいものです。読んで字のごとく、減価償却資産の償却方法を届け出るものです。

減価償却とは、機械や自動車を保有している場合の毎年の経費に算入される金額を計算する手法です。届出の内容を説明するうえで減価償却に対する知識が必須になりますので、まずは減価償却に関することについて学習しましょう。

機械や自動車などの長期間使用する資産を買った場合、その購入代金は購入した時の経費にはならず、使用する期間に按分《あんぶん》して毎年の経費にします。

例えば、営業で使うトラックを二〇〇万円で購入した場合、五年間でこの金額を減価償

減価償却費の金額

	1年目	2年目	3年目	4年目	5年目	合計
定額法	40万円	40万円	40万円	40万円	40万円	200万円
定率法	100万円	50万円	25万円	12.5万円	12.5万円	200万円

※200万円を5年で償却の場合。少々計算を単純化しています。

却し、毎年の経費を計算します。トラックの減価償却方法には、基本的に、定額法と定率法があり、それぞれ上記表のように計算されます。

ご覧のように、定額法は毎年定額を経費にするのに対し、定率法は、初めの方に多額の経費を計上し、あとの方は少額の経費を計上するという感じです。

個人事業主は届出を行わないかぎり、定額法により減価償却費を計算することになりますが、定率法により減価償却計算を行うと届け出れば定率法により計算することができるようになります。

定率法を選択すれば、初めの方に多額の経費を計上することができますから、なるべく定率法を選択したほうがよいです。仮に減価償却費分が赤字になってしまったとしても、青色の届出をしておけば翌年以降に繰り越せるのはすでに書いたとおりです。経費をなるべく早め早めに計上しておくことは、節税のためにとても大切なことです。

念のため、定率法を選択する届出を出しておいたほうがよいかもしれません。

消費税課税事業者選択届出

個人事業主は前にも書いたとおり、初めの二年間は消費税を納税する義務はありません。ところが、納税するということを選択することも認められています。

「なぜ納税しなくていいものを納税するという選択をするのだ？　バカじゃないか？」と一般的には考えられてしまいますが、**消費税は納税だけではなく還付されることがある**というのはすでに書いたとおりです。この課税を選択するときの届出が「消費税課税事業者選択届出」です。

なお、課税を選択したほうが有利なのか、選択しないほうが有利なのかは事業計画などを勘案する必要があります。お近くの税理士に相談してみてください。

税務署以外への届出

税務署以外への届出として、覚えておきたいのは次のとおりです。

○　人を雇う場合　⇓　労働基準監督署（労災保険）、公共職業安定所（雇用保険）
○　社会保険に加入する場合　⇓　社会保険事務所
○　事業内容によって監督署官庁の許認可を得なければいけない場合がある。

社会保険については、常時五人以上の従業員がいないかぎり加入義務はありません。（なお、事業主自身は社会保険に加入することはできません。）労災保険については必須、雇用保険については様々な加入要件がありますが、パートさんであったとしても週に二〇時間以上の勤務であれば加入する義務がありますのでご注意ください。

法人の始め方

How to start a business

株式会社と合同会社の違い

個人事業主について説明した後は、法人について説明したいと思います。

法人には様々な種類があるのですが、一般的に活用されるのが、**株式会社と合同会社**です。ＮＰＯ法人や宗教法人など特殊なものもありますが、一般的ではないと思いますので、そちらの内容は専門書に譲りたいと思います。

合同会社って聞き覚えがないぞ、とか、有限会社っていうのもよく聞くじゃないかという声が聞こえてきそうですが、最近の法律改正で有限会社の新規設立はできなくなり、その代わりというわけではありませんが、合同会社という仕組みができました。

合同会社はよく、日本版ＬＬＣという言葉で表現されることもあります。合同会社はまだまだ聞き覚えのない方も多いと思いますが、しばらくすればかなりの数が設立されるのではないかと思います。

いずれにせよ、法人設立をするとなると、現実的には株式会社か合同会社のどちらかを設立することになります。

では、どちらがよいのでしょうか。

株式会社と合同会社の共通点と相違点を考え、あなたのビジネスにとってどちらが向いているかを検討してみましょう。

責　任

株式会社も合同会社も有限責任ですから、この点においては同じです。

ただし、借入などをする場合においては、株式会社も合同会社も代表者個人が連帯保証をするのが普通ですから、代表者にとって実質は無限責任ということになってしまいます。

代表者以外の出資者は、たとえ会社が潰れてしまったとしても出資した金額が返ってこないだけですから、有限責任といえます。

最低資本金

両者とも一円以上の出資で会社は成立します。

ただ、資本金は信用を表す指標となりますから、少なくとも一〇〇万円程度は用意していただけるとよいのではないかと思います。

出資者

両者とも一名以上いれば大丈夫です。

株式会社は、出資者に業務執行権があるわけではなく、業務執行権は取締役などに委ねられます。合同会社では出資者には業務執行権があります。

したがって、基本的には株式会社はオーナーと経営者が異なることが認められますが、合同会社は「オーナー＝経営者」という図式が成立することになります。

機関設計

合同会社は、基本的には「出資者＝経営者」になります。

株式会社はいろいろなスタイルがあり、「出資者＝経営者」の場合もあれば「出資者≠経営者」の場合もあります。

それぞれの選択については、会社設立の手続きで説明しましょう。

●株式会社・合同会社の共通点と相違点●

	株式会社	合同会社
出資者の責任	有限責任	
最低資本金	1円以上	
出資者	1名以上	
機関設計	検討の必要あり	不要
認知度	高い	低い
設立費用（法定）	約25万円	約11万円
設立手続	合同会社と比べるとちょっと大変	株式会社と比べるとちょっと楽
税金など	法人課税	
ポイント	配当は出資比率に基づく	配当は自由に決定できる ＝共同事業に便利 例）知識のある大学教授と資金のある企業とのコラボ法人

株式会社と合同会社のどちらを選択すべきか

では、結局、株式会社と合同会社ではどちらを選択すべきでしょうか?

結局のところ、自分一人が経営者となる場合においては、株式会社でも合同会社でも大差ないと考えてしまってよいでしょう。

法律的に丁寧に考えればいろいろな違いもありますが、自分一人が経営者であれば特に気にする必要はありません。

一応、タイプ別に株式会社がよいか合同会社がよいかを明記しておきましょう。

設立費用は安ければ安いほうがよい

合同会社を選択しましょう。法定費用だけで約一四万円の差が出ます。さらに、これは設立費用ではありませんが、株式会社には財務諸表の公告義務(官報やネット上に財務諸表を掲示すること)がありますが、合同会社にはありません。このため公告費用でも差が出ます。さらに、株式会社の役員には任期があり、任期ごとに司法書士に依頼し登記作業を行う必要がありますが、合同会社には任期がないので登記作業をする必要がありません。

信用第一

株式会社を選択しましょう。今後、徐々に知られた名称になるとは思いますが、まだまだ認知度が低いのが合同会社です。「合同会社〇〇です」と言っても「ゴウドウ会社って何？」と聞かれたりすることがあります。そういった意味では株式会社の方が信用される可能性は高いでしょう。

配当を出資比率にしばられたくない

合同会社は、出資比率によらず配当を決定することができます。

仮に、有力な出資者がいて、自分の出資はほんの少しだけどノウハウと労働力を提供するのは自分であるという場合、株式会社を設立したとすれば利益の分配は出資比率によります。

ですから、**「出資比率≠配当比率」にしたい場合は合同会社を設立する**とよいでしょう。

How to start a business

会社設立手続

会社設立手続は誰がやるか

まず、会社設立の手続きに入る前に、会社設立手続を誰に任せるかという命題があります。会社設立手続は自分で行うことも可能です。しかしながら、**会社設立については専門家に任せることをお勧め**します。

理由は次のとおりです。

専門家に任せたほうが確実で安上がりである

インターネットで「会社設立」と検索していただければ、会社設立を請け負う専門家がたくさん出てきます。その中に、「自分でやるより安上がり!」という言葉がたくさんあります。

自分でやるのが一番安いのでは、と思うのは当然ですが、あるマジックにより**専門家に**

会社の設立費用

	自分でやった場合	専門家に任せた場合
定款認証手数料（公証人役場）	5万円	5万円
定款の印紙代	**4万円**	**ゼロ**
法務局の印紙代（株式会社）	15万円	15万円
専門家への報酬	ゼロ	α
合計費用	24万円	20万円＋α
〈おまけ〉開業前の貴重な時間	かなり奪われる	ほとんど奪われない

任せたほうが安い場合が多くあるのです。そのマジックとは、定款《ていかん》の電子認証です（定款とは、会社の基本ルールを記載した書面をいいます）。会社設立の専門家は定款を電子認証できるシステムを持っています。電子認証をすると、定款に貼る印紙代四万円がかかりません。自分でやった場合、電子認証するシステムがなく、自分でワープロで作ってそれをプリントアウトして公証人役場に持ち込むと四万円かかってしまうわけです。

上の表がざっくりとした会社の設立費用です。自分でやった場合最低二四万円かかりますが、専門家に任せた場合は「二〇万円＋α」になりますので、αが四万円以下であれば専門家に任せたほうが逆に安くなるのです。検索サイトで「会社設立」を検索してみましたら報酬二九、八〇〇円というのがありましたので、自分で設立するよりも一〇、二〇〇円安い計算になります。

また、余談になるかもしれませんが、**自分でやるとなると、なんだかんだですごく時間がかかります**。最悪なのは法務局からの呼び出しです。電話がかかってきて「△△という書類の□□がおかしいです。こちらにいらして訂正してください」と言われた場合、法務局が近くにあればいいですが、遠くの場所にあればそれだけで半日つぶれます。開業前はメチャクチャ忙しく（開業してからのほうが忙しかったりしますが）、一時間でも無駄にするわけにはいかないものです。専門家に任せた場合はこのロスタイムがなくなりますから、金銭面よりもこちらのメリットが大きいと思います。

また、会社設立という行為には反復性がありません。反復性のない作業というのは、一度やってみたところで次に生きてこないので、自分で覚えるというのはあまり得策ではありません。

さらに、専門家に任せれば思わぬ落とし穴にはまることは免れます。212ページで後述しますが、会社設立にはいくつかの落とし穴があります。専門家に設立を依頼すれば依頼時にインタビューされることになりますから、良いアドバイスをもらえることも多いです。

また、会社設立については司法書士や行政書士に相談する場合が多いと思いますが、**ぜひとも一度は税理士にも相談**してみてください。私のところにも「会社は司法書士に設立してもらいました、税務顧問をお願いします」といらしてくれる方も多いのですが、定款や登記簿を見て「ぐわ！」と思うことがままあります。

会社法上、適法に会社は成立しているのですが、節税のことを全く考えていないケースが多いのです。前にも書きましたが、例えば資本金一、〇〇〇万円未満で設立すれば消費税の納税義務が免除されるのに、資本金一、〇〇〇万円で設立していたり、決算日を適当に決めていたり…。ほかにもいろいろ注意しなければならないことがありますので、ぜひとも税理士に相談してみてください。

設立スケジュール　株式会社編

次に、株式会社の設立スケジュールを簡単に押さえておきましょう。株式会社の設立スケジュールはおおむね次のとおりです。なお、設立は専門家に依頼することを前提にしていますから、概要の説明にとどめます。

① 各種事項の決定
② 定款・登記書類の作成
③ 定款の認証
④ 出資金の払込み
⑤ 登記申請書の提出（この日が会社設立日になります。）

⑥ 登記の完了（登記簿の発行が可能になります。登記申請書の提出から一～二週間かかります。）
⑦ 預金口座の開設
⑧ 税務署などへの届出

① 各種事項の決定

株式会社設立のうえで決定しなければならないのは以下の事項です。

商号

まず、会社名を決めましょう。「株式会社○○」「○○株式会社」というように、必ず株式会社と付けなければなりません。株式会社は、前でも後でも大丈夫です。また会社名は平仮名、片仮名、漢字、アルファベット、数字などが使えます。ただし、銀行や証券などの免許が必要な商号は、普通の会社には使えませんのでご注意ください。

目的

定款上に記載する目的を定めます。前述しましたが、定款とは会社の基本ルールを定めた書面です。

例えばラーメン屋であれば、「飲食店の経営」など、わかりやすく具体的な言葉で記載します。自分のイメージを専門家に伝えれば問題のない言葉に置き換えてくれますのでご安心ください。

本店所在地

会社をどこに設置するかを決定します。

資本金と発行株式数

資本金の金額を決定します。資本金は会社の元手となる金額です。よく、「資本金は使ってはいけないのですか?」と聞かれますが、ビジネスの元手ですので当然使うことができます。また、資本金の金額を決めると同時に、発行する株式数を決定します。何株でも問題はありません。

例えば資本金三〇〇万円の場合、株式を三〇〇株発行すれば一株一万円が発行価額ということになりますし、三、〇〇〇株発行すれば一株一、〇〇〇円で発行することになります。どうでもいい話ですが、私は一株一万円が好きです。なんとなくですが。

なお、株式を印刷する必要はありません。

授権資本

株式を何株まで発行できるかを決定します。何株を発行するかではなく、**何株まで発行できるか**です。後々の増資のために、少し多めに設定しておいたほうがよいでしょう。例えば三〇〇株を当初発行株式数とした場合、授権資本については最低でも四倍の一、二〇〇株にしておくとよいと思います。

株式の譲渡制限

株式の譲渡制限を付けておけば、株主が株式の譲渡を行う際に会社の承認が必要となります。自分一人が株主の場合は特に必要ない規定かもしれませんが、将来他人が株主になった場合、勝手に譲渡されてしまうと会社としても困ります（例えばヤクザに譲渡してしまったなど）。このような場合、株式の譲渡制限を付けておけば会社として譲渡を拒否することができます。

なお、株式の譲渡制限を付けた会社は、株式譲渡制限会社とよばれます。本書では株式譲渡制限会社を前提とします。株式譲渡制限会社にするかしないかで機関設計や取締役の任期などに影響が出ますが、解説は割愛します。

機関設計

株式会社を設立する場合、けっこう悩むのが機関設計です。
覚えておきたい機関は次のとおりです。

株主総会…必ず設置します。会社の最高決議機関です。取締役の選任、解任など様々な意思決定を行います。

取　締　役…会社の業務執行を行う機関です。取締役が複数いる場合、代表取締役が会社を代表します。

取締役会…取締役が三人以上いる場合、取締役会を設置できます。取締役会では会社の業務執行を行うとともに、会社の重要事項を決定します。

監　査　役…取締役を監視し、会社の会計を監査（チェック）します。なお、取締役会を設置する場合、監査役を必ず設置します。

これだけ覚えておけば十分でしょう。

なお、監査役は取締役会を監視し、取締役会は代表取締役を監視し、株主総会は監査役、取締役会、代表取締役を監視するというのが法律の考えです。

経営者が一人であれば、次の形態になります。

○　株主総会＋取締役

経営者が複数いれば、次の形態が現実的に取りうる形態です。

○ 株主総会＋取締役

○ 株主総会＋取締役＋監査役

○ 株主総会＋取締役会＋監査役

格好をつける必要はなく、実態に合わせて設置しましょう。

取締役の任期

最長一〇年までを定めることができます。自分一人が取締役であれば一〇年にしておけばよいでしょう。

自分以外にも取締役がいる場合、二年にしておいたほうがよいです。と言いますのも、取締役を辞めてもらいたいなと思った場合、任期中であれば本人から辞表を出してもらうか株主総会にて解任、つまりクビにする必要があります。こうなるとビジネス以外の仲も壊すことになります。任期二年にしておけば任期切れの時に「今までありがとう、もう自分一人で大丈夫だから」とうまい具合に運ぶことができる（可能性がある）わけです。

事業年度

会社は一年ごとに事業年度を区切り、決算を行わなければなりません。決算日は何月でもかまいません。また、事業年度は一年を超えることはできません。

現実的には、例えば四月に会社を設立したら三月末日、八月に設立したら七月末日に決算日を設定する場合がほとんどです。

これは、事業計画にもよりますが、設立後二年間（正確にいえば二事業年度間）の**消費税免税期間を最大限に享受するために、なるべく初めの事業年度は長くしたほうがよい**です。

もちろん、例えば八月に設立して一二月を決算月にするなどしても法的な問題はありません。

その他

その他、会社の代表印（丸印という人もいます）の購入、自分個人の印鑑証明の取得もします。印鑑証明は二通取っておけばあらゆる場面に対応できます。他の出資者がいたら、あらかじめ印鑑証明を二通用意してもらうように言っておくとよいでしょう。

なお、会社の代表印は七、〇〇〇円前後から購入できます。こだわりがなければ素材はなんでもいいです。会社代表印は会社設立時に印鑑登録し、契約時に用います。よく会社設立三点セットということで、代表印、銀行印、角印がセットで売られていますが、代表印と銀行印を兼ねる人も多いです。代表印と角印は兼ねないほうがよいでしょう。角印は請求書や見積書などの書類に押印します。

② 定款・登記書類の作成

①で必要な事項を決定したら専門家に伝え、書類を作成してもらいましょう。

③ 定款の認証

定款が出来たら公証人に認証してもらいます。公証人が認証して、初めて定款は効力が出ます。定款の認証は専門家が代行してくれます。

④ 出資金の払込み

定款の認証が完了したら、出資金の払込みをします。とはいえ、この時点では会社の預金通帳がありませんから、自分で自分の通帳に振り込むというちょっとおかしな行為をします。出資者が複数いる場合、他の出資者にも自分の通帳に振り込んでもらいます。

なお、自分で自分の通帳に振り込むときは、その通帳からお金を下ろして振り込む形で問題ありません。また、新しい通帳を作る必要もありません。

払込み（振込み）が完了したら、専門家の指示に従い、通帳の表紙、表紙裏、振込みの記帳がされたページをコピーして専門家に送りましょう。（ＦＡＸを指示される場合も多いです。）

⑤　登記申請書の提出

会社を設立する場所にある法務局に書類を提出します。この書類を提出する日が会社の設立日になります。（土、日、祝日に提出することはできません。）

余談ですが、大安を設立日にする人が多いです。

提出は専門家が代行してくれます。

⑥　登記の完了

登記簿の発行が可能になります。登記申請書の提出から一～二週間かかります。登記が完了すると、登記事項証明書（登記簿）を取得することができます。また、印鑑証明書の取得も可能になります。

経験上、登記簿は三通、印鑑証明は一通取っておくとよいでしょう。意外と印鑑証明は使いません。

余談になりますが、登記簿は一通一、〇〇〇円します。登記簿の提出を銀行や税務署に要求された場合、**なるべくコピーを提出**しましょう。会社設立後に登記簿を提出してくださいと言われても、原本を見せつつ、「コピーでいいですか？」とお願いすると認めてくれるところも多いです。

⑦ 預金口座の開設

登記簿が取得できたら銀行に急ぎましょう。預金口座が開設できなければ請求書の発行もできません。預金口座を開設する場合には、次の書類を用意しておけばおおむね大丈夫だと思います。

○ 登記簿
○ （会社の）印鑑証明書
○ 個人の身分証明書
○ 銀行印

銀行によって審査に一日～三日ほどかかることもありますが、すぐに作ってくれることもあります。

なお、社会保険に加入する場合には、自動引落しの用紙に銀行から証明印を貰う必要があります。口座を作るついでに証明印を貰っておくと二度手間を防げます。（自動引落しの用紙は社会保険事務所に用意されています。）

⑧ 税務署などへの届出

税務署への届出もすぐにやっておきましょう。税理士と顧問契約を結んでいる場合は、登記簿を取得したらすぐに税理士に連絡しましょう。

設立スケジュール　合同会社編

次に、合同会社の設立スケジュールを簡単に押さえておきましょう。合同会社の設立スケジュールはおおむね次のとおりです。なお、設立は専門家に依頼することを前提にしていますから、概要の説明にとどめます。**株式会社と決定的に異なるのは、定款の認証が不要であること**です。あとは同じ流れになります。

① 各種事項の決定
② 定款・登記書類の作成
③ 出資金の払込み
④ 登記申請書の提出（この日が会社設立日になります。）
⑤ 登記の完了（登記簿の発行が可能になります。登記申請書の提出から一〜二週間かかります。）
⑥ 預金口座の開設
⑦ 税務署などへの届出

① 各種事項の決定

合同会社設立のうえで決定しなければならないのは以下の事項です。

商　号

株式会社編199ページをご参照ください。

目　的

株式会社編199ページをご参照ください。

本店所在地

株式会社編200ページをご参照ください。

資本金

資本金の金額を決定します。「資本金は使ってはいけないのですか?」と聞かれますが、ビジネスの元手ですので当然使うことができます。

機関設計

合同会社は基本的に「出資者＝経営者」ですから、特に機関設計をする必要もありません。しかしながら、出資だけをして業務に参加しない出資者がいる場合、業務執行役員を定めて業務を行う人と行わない人を区別します。

損益分配割合

合同会社は出資割合によらず利益分配できますので、それを定めます。出資者が一人の場合、特に定める必要はありません。

事業年度

株式会社編２０３ページをご参照ください。

その他

株式会社編２０４ページをご参照ください。

② 定款・登記書類の作成

①で必要な事項を決定したら専門家に伝え、書類を作成してもらいましょう。

③ **出資金の払込み**
株式会社編205ページをご参照ください。

④ **登記申請書の提出**
株式会社編206ページをご参照ください。

⑤ **登記の完了**
株式会社編206ページをご参照ください。

⑥ **預金口座の開設**
株式会社編207ページをご参照ください。

⑦ **税務署などへの届出**
株式会社編207ページをご参照ください。

設立時の注意事項

株主の罠《わな》、取締役の罠

設立時の罠の代表例が、株主の罠と取締役の罠です。すでに書いていることですが、ビジネスを始める時の出資の申し出は大変嬉しいもので飛びつきがちです。しかしながら、この時の出資の受け入れが後々（しかも近い将来）大変な事件につながることがあるわけです。取締役についても同様です。

初めは善かれと思っても、株主はなんだかんだと口を出すようになることが多いです。たとえ一万円の出資でも「一万円も出したんだ！」というような態度になることも多いです。さらに、取締役についても初めはおもしろ半分意見を出してくれたりするのですが、そのうち、これだけ意見を出しているんだから役員報酬をよこせ、みたいな話になることも多いです。出資者と取締役の選別は要注意です。

資本金の罠

資本金一、〇〇〇万円未満で設立すれば、消費税の納税が二年間免除になります！

一、〇〇〇万円で設立するなら九九九万円にしましょう。（ただし、消費税が免除されないほうが有利な場合もありますので税理士に相談しましょう。）

役員報酬の決定

経営初心者はあまりご存じない場合が多いのですが、会社の役員の給料（役員報酬といいます）は、基本的に一年間変更することができません。変更してもよいのですが、税務上、不利益な取扱いになります。変更できるのは事業年度ごとと考えればよいでしょう。

役員報酬の決定の基礎知識は後述しますが、税理士に相談するか、相談することができない場合、一年間の利益の額を予測し、それを年間の役員報酬として一二カ月で割ってみてください。割った後の金額を月の役員報酬とするとよいでしょう。

利益が出ないと考えている場合は、役員報酬はゼロにしておけばよいでしょう。（生活費は別に確保しておく必要はありますが。）これは十把ひとからげに決めることができない根の深い問題ですから、顧問税理士がいない人も多少の相談料を支払ってでも税理士に相談したほうがよいでしょう。

関係省庁届出書類一式

税務署への届出

法人を設立する場合、最低限、税務署に諸々の届出をしなければなりません。

個人事業主のところでも書いたことですが、ここでは、業界特有の事象は省略し、すべてのビジネスに共通して必要となる書類をチェックしておきましょう。

なお、記載するものは必要最低限です。これ以上の検討をする必要もあることを忘れないでください。

また、注意すべきことは個人事業主と同じなので、175ページをご参照ください。

内国普通法人等の設立の届出

法人を設立したことの届出です。提出期限は開業から二カ月以内です（ただし、遅れたからといってペナルティーはありません）。添付書類として、定款のコピーと登記簿のコ

●法人の届出書類●

届出の名称	提出期限
内国普通法人等の設立の届出	登記日から2カ月以内
青色申告書の承認の申請	登記日から3カ月以内か最初の決算日まで
給与支払事務所等の開設届出	登記日から1カ月以内
源泉所得税の納期の特例の承認に関する申請及び納期の特例適用者に係る納期限の特例に関する届出	適用を受けようとしたとき
消費税課税事業者選択届出	最初の決算日まで

ピーが必要です。ほかにも添付書類が必要そうなことが書いてありますが、この二つを提出しておけば大丈夫です。

青色申告書の承認の申請

きちんと帳簿を作成します、という宣言です。青色申告承認制をしなければ白色申告ということになります。青色申告をしておかないと赤字の繰越しができません。赤字の繰越しができないと大変なことになりますから、忘れずに提出してください。

給与支払事務所等の開設届出

法人を設立したら提出します。誰も雇う予定がないと思っても、法人には代表取締役がいます。代表取締役にも給与を払うわけですから提出する必要があります。

源泉所得税の納期の特例の承認に関する申請及び納期の特例適用者に係る納期限の特例に関する届出

こちらは個人事業主と全く同じですから、個人事業主の箇所（181ページ）をご参照ください。

消費税課税事業者選択届出

資本金一、〇〇〇万円未満で設立した法人は前にも書いたとおり、初めの二年間は消費税を納税する義務はありません。

ところが、納税するということを選択することも認められています。このことについては、個人事業主の187ページをご参照ください。

税務署以外への届出

税務署以外への届出として、覚えておきたいのは次のとおりです。

○　都道府県　⇓　開業届を提出します。

○　市町村　⇓　開業届を提出します。

○　人を雇う場合　⇓　労働基準監督署（労災保険）、公共職業安定所（雇用保険）

○　社会保険に加入する場合　⇓　社会保険事務所

○　事業内容によって監督署官庁の許認可を得なければいけない場合がある。

社会保険については、法人は強制加入ということになっていますが、実態としてはそこまでは厳しくありません。労災保険については必須、雇用保険については様々な加入要件がありますが、パートさんであったとしても週に二〇時間以上の勤務であれば加入する義務がありますのでご注意ください。

How to start a business

専門家の活用

ビジネスを取り巻く専門家

ビジネスを行ううえでは、専門家を活用することがとても重要になります。これは個人事業主、法人を問わずです。

ビジネスの運営は、財務、納税、法律、労務、人事など様々な知識が必要であり、自分一人でそれを把握することは当然不可能です。優れた経営者は専門家の使い方がとてもうまく、よい具合に活用しています。

まず、どんな種類の専門家がいるかをご紹介しましょう。

税理士

税の専門家です。

個人事業主でも法人でも、一年間に一度は必ず税務申告を行います。その際に**税務申告**

書の作成をお願いするのが税理士です。個人事業主はなんとか自分で確定申告をすることも可能だと思いますが、法人の申告書の作成はかなり難解ですから、税理士に任せたほうがよいでしょう。

なお、個人事業主であろうとも法人であろうとも、税理士と顧問契約を結ぶ方がとても多いです。税務申告の際には帳簿の作成が必要ですので、その帳簿の作成をしてもらったり補助してもらったり、**税理士の能力によっては経営コンサルティングも可能**になるからです。

私が税理士であるから言うわけではないのですが、税理士は企業のホームドクターとなりうる存在です。税理士と顧問契約しておけば、他の専門家へのアクセスも非常に簡単になりますし、様々な企業と顧問契約を結んでいますからかなり多くの事例を見ており、的確なアドバイスも期待できます。ぜひ、活用してみてください。

公認会計士

会計の専門家です。

公認会計士の本業はいわゆる監査で、大企業の財務諸表が適正に作成されているかどうかのチェックを行います。公認会計士は税理士を名乗ることもできるため、名刺を見ると、「公認会計士・税理士」を名乗っている人も多いです。税理士を名乗るからには税理士業務もできます。

ただし、公認会計士の人たちは税金に関する業務を得意分野にはしていません。（本人たちもそう言っています。）公認会計士はもともと大きな企業に携わっている人、または携わっていた人が多いため、例えば資本政策をしっかり策定したい、M&Aをしたい場合などに力を発揮します。

社会保険労務士

社会保険手続や労働保険手続を代行してくれる専門家です。

また、人事労務に関する専門家でもありますから、就業規則や給与規定を作ったりするときに業務を依頼します。企業規模が大きくなってきたら、人事労務担当の専門家として顧問契約するとよいでしょう。

弁護士

説明不要の、法律の専門家です。

業務上のトラブルが生じたり、契約書の確認をしたりしてほしいときなどに活用します。顧問契約を結ぶとそれなりに高額になりますから、ビジネスの規模が小さいうちは必要なたびにスポットで依頼すればよいでしょう。

行政書士

許認可の申請書の作成を手伝ってくれます。

各種の法律も網羅していますから、法律相談にも対応してもらえます。顧問契約をするということはあまり聞きませんが、身近な法律の専門家として上手に活用したいところです。

司法書士

法人の登記の業務をしてくれます。

法人の設立時はもちろん、会社名を変更したときや役員の変更をしたときなどに業務を依頼します。司法書士も各種法律に精通していますので、身近な法律家として上手に活用したいところです。

中小企業診断士

あまり知られていない専門家かもしれませんが、経営コンサルタントで唯一の国家資格です。国家が認めた経営コンサルタントといったところでしょうか。

中小企業診断士の使い方は意外と難しいです。それぞれに専門分野がありますから、マーケティングのアドバイスが欲しいのか、店舗運営のアドバイスが欲しいのか、などの目的をしっかり定めたうえで、その目的を満たす人を選びましょう。

専門家の選び方と料金

では、どのように専門家を選べばよいでしょうか。前述しましたとおり、**ビジネスを始める以上、顧問税理士はいたほうがよい**と思います。これは私が税理士だから申し上げているわけではありません。

税理士は、ビジネスの基本的な数字データを作ってくれますし、何よりも節税の知恵袋にもなり、基本的な法律、人事、労務等の知識を持っていますから、あなたにとって頼もしい参謀役になりうるわけです。

では、どんな税理士を選べばよいでしょうか。税理士の選び方はすべての専門家の選び方にも共通しますので、ここでは税理士の選び方と契約の仕方を伝授しましょう。

税理士選びのポイント

税理士選びは重要です。長い付き合いになり、また、会社の内容、さらには自分の懐具合をすべてさらけ出すことになりますから、**信用できない税理士と付き合うと万病のもと**

になりかねません。ある意味、自分の身内の人間以上に付き合いが深くなる可能性がありますから、**自分の生涯のパートナーを選ぶくらいの気持ち**で以下の事項に注意して、顧問税理士を探してみてください。

① 複数の税理士に会ってみる

最も良くないのは、一人の税理士にしか会わずに顧問税理士を決めてしまうパターンです。私から言わせてもらえば、初めて会ったその日に結婚を決めてしまうようなものです。直感も大切だとは思いますが、**複数の税理士を比較してこそ自分に最も合った税理士を探す**ことができます。

しかしながら、複数の税理士と会うことは特殊な人脈を持つ人でなければ困難だと思います。そんなときに便利なのが、この本の出版元であるＴＡＣ株式会社が運営している税理士紹介サイトのＴＡＣ-ＭＡＴＣＨ（タックマッチ）です。ご存じの方もいらっしゃると思いますが、ＴＡＣ株式会社は資格の学校ＴＡＣとして有名で、多数の税理士を輩出しています。そのＴＡＣが税理士を無料で紹介してくれるサービスが、ＴＡＣ-ＭＡＴＣＨです。ぜひともアクセスしてみてください。複数名の税理士の紹介を受けることができます。（ＵＲＬは、http://pronet.e-tac.net/ です。）

② 見積りを貰ってみる

見積りを必ず貰ってみてください。税理士業界のみならず、専門家業界は口頭での見積りのみしかなかったり、実際に契約してみるといろいろな料金を様々な口実で取られてしまったりということもあるわけです。これは説明をしていない税理士の方も悪いのですが、見積りも取っていない経営者もよくないと思います。複数の税理士から見積りを取ってくると、いろいろなものが見えてきます。

ちなみに、複数の税理士から見積りを取る場合、顧問料などを安く提示した税理士が顧問契約を勝ち取るかというと、意外とそうでもありません。A税理士が一番安かった、でもB税理士の話には説得力があるし、自分を見守っていてほしいのはB税理士だ！ みたいな感じで、B税理士が顧問契約を勝ち取るというケースも非常に多いです。

また、見積りを貰って不明なことはどんどん質問してみましょう。その対応などを見ても税理士の資質がわかりますので。

③ 一緒にランチしてみる

究極の方法はランチを一緒にしてみることだと思います。夜の食事だと飲む可能性が高いので、なんとなくなあなあになってしまうことが多いです。なので、時間を区切って、ランチを取りながらの打合せなどをしてみると、その税理士の人柄もわかるのでよいと思います。

なお、支払は割り勘でいきましょう。よく、先生だから、とご馳走になることも多いのですが、不要な気遣いだと思います。

顧問契約とは

で、そもそも顧問契約って何よ？　と思う方も多いでしょう。通常、顧問契約を結ぶと、こんな感じのサービスが提供されます。

まず、月に一回、税理士に訪問してもらうか訪問するかしてミーティングをします。このミーティングでは**日々の経営相談を行うとともに、帳簿の状況等の確認**をします。帳簿の作成を税理士に依頼している場合には、資料の受け渡しや経営成績の説明を受けることができます。ミーティング以外でも、悩みがあれば電話や電子メールで相談をすることが可能です。いわば、**税理士を自分の経営ブレーンとして扱えばよい**と思います。

このように相談を積み上げていくことが多いですから、税理士は親身になってあなたの相談役になってくれる人がいいわけです。

いつ顧問契約をすべき？

次に、いつ顧問契約をするのかという問題です。一番多いケースは、個人事業主だったら一二月や一月、法人だったら初めての決算の時です。この理由はシンプルで、初めての税務申告書類が税務署から送られてくる時期だからなのです。だいたい、初心者経営者はポストを開けて「あれ、なんだこれ？　○○税務署？　なんだろう？」と思って、慌てて封筒を開けると申告書が中に入っていて、「あ、そうか。うちの会社、先月が決算月だったんだ！」と思い出すわけです。慌てて知り合いに相談し、税理士を紹介され、そのままなし崩し的に顧問契約に至るということが多いわけですね。

この場合のまずいポイントは次のとおりです。

○　決算月が終わってしまってから税理士に依頼をしている。

通常の決算業務は、決算月の一カ月から二カ月くらい前に今年の利益状況の把握をして、納税予測を立てます。税理士と顧問契約をしていれば毎月の損益状況の把握がされていますから、特に意識しなくても納税予測は常に立てられています。決算前に損益状況の把握ができていれば、「利益が出すぎていますね。このままだと法人税等の納税額が一〇〇万円近くになってしまいますので、少し節税対策をしましょう」みたいなアドバイスが入り、節税を図るわけです。

逆に言えば、「利益が少ないですね。このままだと新たな借入ができなくなる可能性があります。利益の増加計画を練りましょう」というアドバイスが入り、銀行借入に耐えうる利益を作り上げる作業に入ったりもするわけです。（もちろん、適法にです。）

決算日を終えてから税理士に依頼してもこの作業ができず、**無策で決算書、申告書を作ることになる**わけです。その結果、すごい利益が計上されてしまい、すごい税金を納めなくてはならなくなったり、逆にすごい赤字で銀行借入ができなくなってしまったりすることになるのです。

○なし崩し的によく知らない税理士と顧問契約を締結している。
これは最悪です。前述しましたとおり、税理士は家族同等の付き合いに発展する場合も多いです。なし崩し的に知らない税理士と顧問契約するというのは、大げさに言ってしまえば、町中で知り合った人といきなり結婚を決めてしまうというくらいの話になるわけです。


じゃあ、いつ顧問契約を締結すればよいのかということですが、**ビジネスを始める前に顧問契約を締結するということに尽きます**。

事業計画や法人の設立計画から相談に乗ってもらうと、必ず良いことがたくさんあります。料金が気になるところではあると思いますが、将来の収益（もしくは費用削減）に必要な経費と考えるべきでしょう。仮に、お金を払える状況でない場合は、素直にそれを税理士に話し、お互いの妥協案を模索しましょう。税理士はインキュベーター的（事業の立ち上げを支援する）な性格を持つ人が多く、初めの半年は安価でいいよとか、法人の設立前の期間は無償で相談に乗りますよ、などの提案をしてくれる税理士も多いです。

料金はいくらくらいなの？

顧問契約を締結するとして、料金はどれくらいかかるのでしょうか。これは、地域性や税理士が提供するサービスの質によりかなりの差があります。必要最低限のことをお願いすれば年間一〇万円程度、それに何を付け足すかによって変化します。報酬が安いには安いなりの理由がありますし、高いには高いなりの理由があるわけですね。

ですから、複数の税理士に面談をして見積りを貰ってから顧問契約に至るべきなんですね。そして、希望金額よりも高い場合は自分でできることは自分でして割引をしてもらったり、スタート当初は安価にしてもらい、ビジネスが軌道に乗るであろう三年目からは通常料金にしてもらうなどの交渉もしましょう。

おわりに

起業は楽しい！

起業・開業は本当におもしろいです。
もちろん大変ではありますが、自分で自分の人生を切り開いている感じがたまらなく最高です。私は税理士として自分の税理士事務所を立ち上げ、また、税理士業務に付随する業務を行う株式会社の立ち上げも行いました。さらに、税理士という職業柄、起業をし、ビジネスの世界に飛び込んで成功する人たち、成長する人たちを一〇〇社以上見てきました。だからこそ断言して言えます。

起業は楽しい！

起業のメリットをあげるとキリがありません。

○ **ブレイクしたらお金持ちになれる!**

起業家(経営者)が、「五年後には自分の給料を年一億円にしたいです」とさらりと言ったとしても全然おかしなことではありません。それを実現するのが起業ですから。リスクはありますが、起業家(経営者)は高額所得を得る可能性を持つわけです。これはサラリーマンには味わえない醍醐《だいご》味です。

○ **自分の名前でビジネスができる!**

起業家(経営者)は自分の名前、自分の責任でビジネスをします。これはかなり大きなことです。ビジネスの世界では、小さな企業であったとしても、起業家(経営者)には敬意が払われます。そして、社長の名前は確実に覚えてもらえるのです。どこに行っても自分が主役になれる感覚は痛快です。また、人脈構成は社長(代表者)の肩書がかなり有効なのです。

○ **自分自身が大きく成長できる!**

起業家(経営者)の成長は著しく早く、そして無限大です。人脈の広がり、乗り越えなければいけない様々な経営課題の発見・解決、時には資金繰りの危機。間違いなく様々な経験をし、様々な人に出会いますから、自分自身でも想像がつかないほど、大きく成長します。

などなど…。

でも、確かに起業にはリスクが付き物です。下手をすれば自分のみならず、家族を路頭に迷わせることだってあります。それでも私は、その気が少しでもある人は起業してみることをお勧めします。メリットはたくさんありますし、そもそも、サラリーマンは安定的との神話はもう崩れてしまっているわけですから。自分の運命を勤務している会社に委ねるのか、それとも自分自身の才覚に委ねるのか。もし失敗するのであるならば、自分の才覚で失敗したほうがせいせいすると思いますし。

この本は、起業しようかどうしようかと悩む方々に、最低限知らなければいけない経営者の心構えと知識をお伝えするために書きました。この本を読み終わった頃には違った世界が見えてくるはずです。そして、節税の方法など、起業数年後に役に立つ情報を散りばめましたので、機会あるごとに読み返してみてください。

最後になりましたが、TAC出版の山本さん、TAC税理士講座の有我先生、TACプロフェッションネットワークの皆さま、㈱龍士町コンサルティングの皆さま、そして、みーたん、ゆめちゃん、龍君、おかげさまで書き終えることができました。

読者の皆さまの成功を祈念させていただき、終わりたいと思います。

二〇〇八年九月

税理士・起業アドバイザー　岸　健一

【著者紹介】
岸　健一（きし　けんいち）
昭和51年８月10日生まれ　埼玉県蓮田市出身
明治大学経営学部卒業
東京国際大学経済学研究科修了
税理士。起業アドバイザー。節税アドバイザー。
　資格の学校ＴＡＣでの税理士試験受験講座講師などを経て、龍土町《りゅうどちょう》税務会計事務所にて税理士業を営み、株式会社龍土町《りゅうどちょう》コンサルティングにてSupport your Dreamsを信条に起業コンサルティングを行っている。起業、節税、事業承継を中心にセミナーも行っている。趣味は子供と遊ぶこと。

金《かね》持《も》ち社長《しゃちょう》のお金《かね》の使《つか》い方《かた》　起業編《きぎょうへん》

2008年10月１日　初版発行

監修者　TACプロフェッションネットワーク
著　者　岸　健一
発行者　斎藤博明
発行所　ＴＡＣ株式会社　出版事業部
（TAC出版）
〒101-8383 東京都千代田区三崎町3-2-18
西村ビル
電話　03（5276）9492（営業）
FAX　03（5276）9674
http://www.tac-school.co.jp
組　版　株式会社　オルツ
印　刷　日新印刷株式会社
製　本　東京美術紙工協業組合

ISBN 978-4-8132-2997-1

TACプロフェッションネットワークからの提案

企業と税理士をつなぐマッチングサイト

TAC-MATCH

システムのご案内

TACプロフェッションネットワークでは、「資格の学校」ならではのネットワークを活用し、企業と「TACプロネット会員税理士」をつなぐ「TAC－MATCH」を運営しています。企業にとって無料で税理士とのマッチングが利用できるサービスです。

「TAC－MATCH」は、ご紹介した「TACプロネット会員税理士」が顧問契約を獲得したときにお支払いいただく成功報酬で運営されているため、企業の利用は"無料"になっております。

また、サイトの税理士検索機能を利用するとTACプロネット会員税理士の得意分野などのプロフィールを閲覧することができます。

企業に対してTACプロネット会員税理士を複数名紹介することにより、希望条件にあった相性のよい税理士を選ぶことができます。

「TAC－MATCH」は企業にとって「信頼できる税理士選びのツール」としてご利用いただけます。

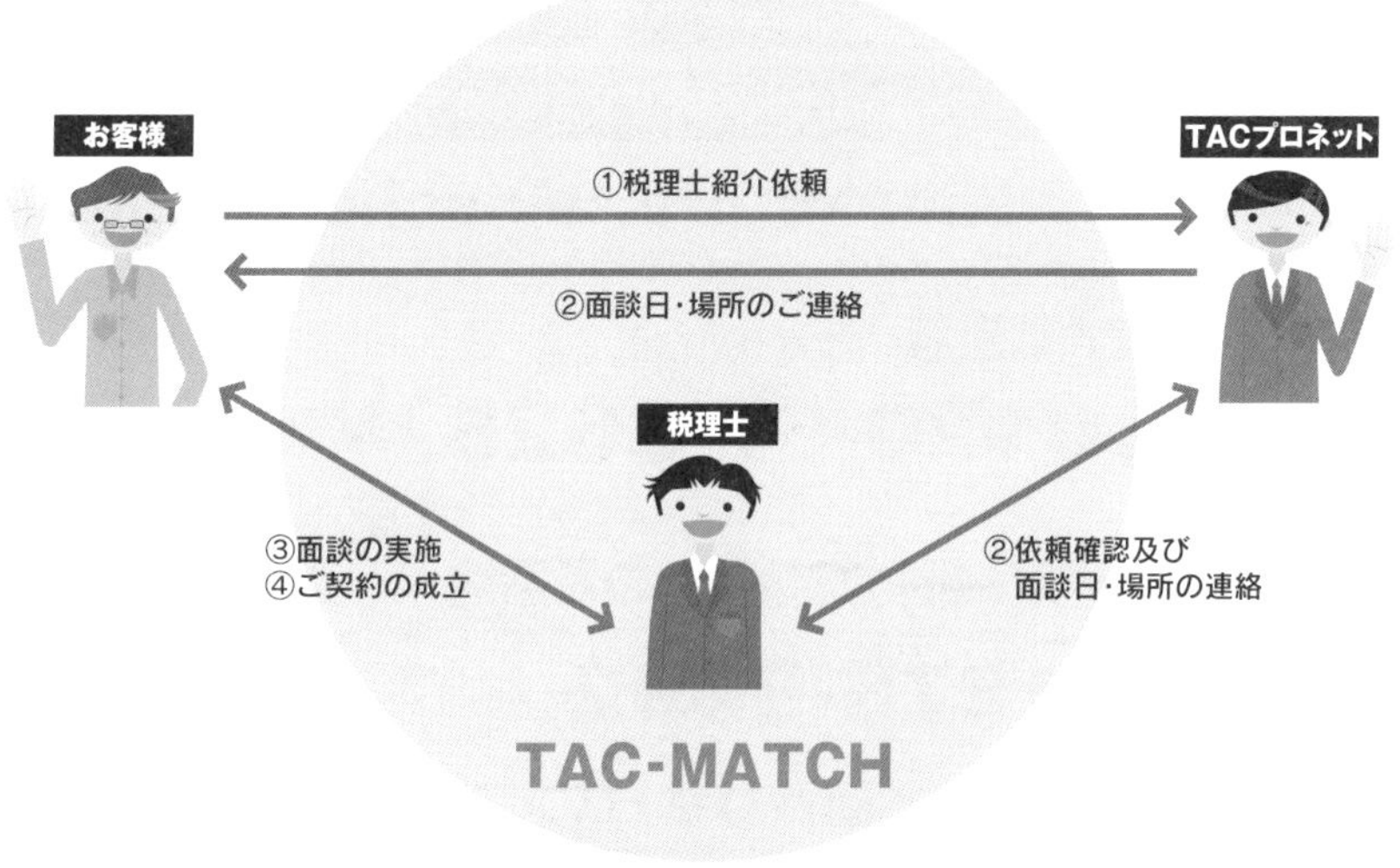

資格の学校TAC

TAC

▶TAC窓口のご案内

札幌校
〒060-0005
札幌市中央区北5条西5丁目7番地 sapporo 55 3F
☎011(242)4477(代)

水道橋校
〒101-0061
千代田区三崎町1-3-9 MCビル4F
☎03(3233)1400(代)

池袋校
〒171-0022
豊島区南池袋1-19-6 オリックス池袋ビル3F
☎03(5992)2850(代)

八重洲校
〒100-0005
千代田区丸の内1-8-2 第二鉄鋼ビル4F
☎03(3218)5525(代)

町田校
〒194-0013
町田市原町田6-16-8 壮平ビル2F
☎042(721)2202(代)

公認会計士講座専用校 日吉校
〒223-0062
横浜市港北区日吉本町1-22-10 日吉駅前ビル2F
☎045(560)6166(代)

名古屋校
〒450-0002
名古屋市中村区名駅3-28-12 大名古屋ビルヂング4F
☎052(586)3191(代)

梅田校
〒530-0015
大阪市北区中崎西2-4-12 梅田センタービル4F（32階建てビル）
☎06(6371)5781(代)

神戸校
〒651-0087
神戸市中央区御幸通8-1-6 神戸国際会館22F
☎078(241)4895(代)

福岡校
〒810-0001
福岡市中央区天神1-13-6 日土地福岡ビル7F
☎092(724)6161(代)

仙台校
〒980-0021
仙台市青葉区中央1丁目3番1号 アエル25F
☎022(266)7222(代)

新宿校
〒160-0023
新宿区西新宿1-10-1 MY新宿第二ビル6F
☎03(5322)1040(代)

渋谷校
〒150-0043
渋谷区道玄坂1-16-3 日土地渋谷ビル3F
☎03(3462)0901(代)

立川校
〒190-0022
立川市錦町1-6-6 岩崎錦町ビル2F
☎042(528)8898(代)

横浜校
〒220-0011
横浜市西区高島2-19-12 スカイビル25F
☎045(451)6420(代)

大宮校
〒330-0854
さいたま市大宮区桜木町1-10-17 シーノ大宮サウスウィング3F
☎048(644)0676(代)

京都校
〒600-8005
京都市下京区四条通柳馬場東入立売東町12-1 日土地京都四条通ビル5F
☎075(255)5210(代)

なんば校
〒542-0076
大阪市中央区難波2-2-3 御堂筋グランドビル13F
☎06(6211)1422(代)

広島校
〒730-0011
広島市中区基町11-10 プライム紙屋町4F
☎082(224)3355(代)

▶TAC提携校のご案内

盛岡校（盛岡カレッジオブビジネス内）
〒020-0025 盛岡市大沢川原3-1-18
☎ 019(606)1117(代)

宇都宮校（国際情報ビジネス専門学校内）
〒320-0811 宇都宮市大通り1-2-5 国際情報ビジネス専門学校2F
☎ 028(600)4855(代)

前橋校
〒371-0843 前橋市新前橋町17-36
☎ 027(253)5583(代)

富山校（富山情報ビジネス専門学校内）
〒939-0341 射水市三ヶ576
☎ 0766(55)5513(代)

金沢校（エルアンドエルシステム北陸内）
〒921-8044 金沢市米泉7-28-1
☎ 076(245)7605(代)

姫路校（穴吹カレッジ内キャリアアップスクール）
〒670-0927 姫路市駅前町254番地 姫路OSビル5F
☎ 079(281)0500(代)

岡山校（穴吹カレッジ内キャリアアップスクール）
〒700-0901 岡山市本町6-30 第一セントラルビル2号館8F（旧フジビル・OPA8F）
☎ 086(236)0225(代)

福山校（穴吹カレッジ内キャリアアップスクール）
〒720-0066 福山市三之丸町30-1 福山駅構内サンステーションテラス3F
☎ 084(991)0250(代)

高松校（穴吹カレッジ内キャリアアップスクール）
〒760-0021 高松市西の丸町14-10
☎ 087(822)3313(代)

徳島校（穴吹カレッジ内キャリアアップスクール）
〒770-0832 徳島市寺島本町東3-12-7 マスダビル3F
☎ 088(653)3588(代)

熊本校
〒860-0844 熊本市水道町9-31 損保ジャパン熊本水道町ビル2F
☎ 096(323)3622(代)

宮崎校（宮崎ビジネス公務員専門学校内）
〒880-0812 宮崎市高千穂通2-2-27
☎ 0985(22)6881(代)

鹿児島校（鹿児島情報ビジネス専門学校内）
〒892-0842 鹿児島市東千石町19-32
☎ 099(239)9523(代)

沖縄校
●那覇校舎 〒902-0067 那覇市安里1-1-61 キャスティービル2F
☎ 098(864)2670(代)
●中部校舎 〒904-0013 沖縄市室川1-2-20
☎ 098(930)2074

TACホームページ URL http://www.tac-school.co.jp/

（平成20年7月現在）

書籍の正誤についてのお問合わせ　TAC出版

万一誤りと疑われる箇所がございましたら、以下の方法にてご確認いただきますよう、お願いいたします。

なお、正誤のお問合わせ以外の書籍内容に関する解説・受験指導等は、**一切行っておりません。**
そのようなお問合わせにつきましては、お答えいたしかねますので、あらかじめご了承ください。

1 正誤表の確認方法

TAC出版書籍販売サイト「Cyber Book Store」の
トップページ内「正誤表」コーナーにて、正誤表をご確認ください。

TAC出版書籍販売サイト Cyber Book Store

URL:http://bookstore.tac-school.co.jp/

2 正誤のお問合わせ方法

正誤表がない場合、あるいは該当箇所が掲載されていない場合は、書名、発行年月日、お客様のお名前、ご連絡先を明記の上、下記の方法でお問合わせください。
なお、回答までに1週間前後を要する場合もございます。あらかじめご了承ください。

文書にて問合わせる

●郵送先　〒101-8383 東京都千代田区三崎町3-2-18
TAC株式会社 出版事業部 正誤問合わせ係

FAXにて問合わせる

●FAX番号　**03-5276-9674**

e-mailにて問合わせる

●お問合わせ先アドレス　**syuppan-h@tac-school.co.jp**

お電話でのお問合わせは、お受けできません。

（平成20年5月現在）